JN086697

金融、個人情報、IoT フィンテックですべてが変わる!!

BANK COLLAPSE AND FUTURE OF FINTECH

銀行崩壊とフィンテックの未来

久田和広
Kazuhiro Hisada

信長出版

はじめに

２０２０年に突如として世界を襲った新型コロナウイルス感染症は、世界に大きな打撃を与えました。本書執筆中の21年5月現在も、いまだ収束の兆しは見えていません。

一方、人の移動が制限されたり、世界の実体経済が大きく落ち込んだからこそ注目されているものがあります。それが本書のテーマである**「フィンテック」や「ブロックチェーン」、「暗号資産」といった次代に求められる技術や、それを活用した新たな資産です。**

みなさんも、これらの言葉をネットやテレビなどで一度は耳にしたことはないでしょうか。メディアで特集を組むことも度々あり、暗号資産やブロックチェーンがテーマの書籍も多数。ネットで検索すると、たくさんの情報があることに驚きます。

「世界を変える技術として興味がある」
「なんとなく聞いたことはある」
「言葉は知っているけど、何のことかよくわからない」

温度差はあるでしょうが、この本を開いたということは、何らかの可能性を感じているのだと思います。

読みは当たっていて、私は新型コロナにより既存の金融システムである銀行は崩壊し、フィンテックにより社会の在り方は大きく変わると考えています。それをお伝えするのが本書の目的であり、みなさんにはフィンテックなどに対する理解を深めていただいたうえで、我々の生活はどのように変貌するのか、銀行だけに頼らない資産の作り方・守り方を実践していただきたいと思います。

フィンテックは、あなたの未来を変える必須のツールになるのです。

詳しくは後述しますが、ここで本書のキーワードついて簡単に解説しておきます。フィンテックは「金融」を意味する「ファイナンス（Finance）」と「技術」を指す「テクノロジー（Technology）」を掛け合わした造語のこと。具体的には、金融サービスと情報技術を結び付けた各種サービスを指します。言葉自体は2000年代前半のアメリカで使われ始め、その後インターネットやスマートフォンの普及、AIやビッグデータ、ブロックチェーンなどを活用したサービスを提供するフィンテックベンチャーが次々と生まれ、今日に至りました。

例えば、スマホを使ったキャッシュレス決済。古くは「おサイフケータイ」、いまでは「Apple Pay」や「Google Pay」などのプラットフォームがあり、「モバイルSuica」をはじめとする電子マネー、クレジットカードと紐《ひも》づけたタッチ決済など、便利なサービスを使っています。これらは、スマホアプリによるフィンテックの具体例で、いまは決済だけではなくユーザー間の送金に使うことができるサービスも登場しました。

決済や送金だけではありません。いまは、簡単な個人情報を入力するとＡＩが与信枠を決める「オンライン融資」、資産運用をＡＩがサポートしてポートフォリオを組んだり、投資までを実行する「ロボアドバイザー」、ネットを通じて出資者を募り事業などに投じる「クラウドファンディング」や「ソーシャルレンディング」など、フィンテックを使ったサービスは多岐にわたります。すでに利用していて、「あれってフィンテックだったの？」と思うサービスだってあるかもしれません。それほど、世の中に浸透したということでしょう。

これまで、現金が当たり前だった時代は、定期的に銀行窓口やＡＴＭに並び、わざわざ引き出す必要がありました。平日昼間は仕事なので、時間外に手数料を負担する会社員はたくさんいたでしょう。ところがいま、キャッシュレス決済にかじを切った人は、驚くほどＡＴＭを利用しなくなったに違いありません。

また、銀行は預金者から預かったお金を法人などに融資するのが、ビジネスモデルのひとつ。ＡＩを使ったノンバンク系のサービスは強力なライバルですし、自行がこうした技術を導入すると、これまでのように多くの行員は審査部に必要なくなります。人口減の影響もありますが、業務の自動化や効率化は銀行のビジネスに変化を与え始め、その結果、メガバンクを中心に金融機関は大規模なリストラを打ち出しました。

さらに、昨年から再び価格が高騰して、今年は一時６９０万円（２０２１年4月現在）を突破した「ビットコイン」などの「暗号資産」も、フィンテックのひとつです。世に現れ始めた「仮想通貨」や「暗号通貨」と呼ばれていましたが、18年12月に金融庁は暗号資産の呼称へ正式に変更すると発表しました。よって、本書でも暗号資産で統一します。

価格（価値）の上下から投資対象として有名なビットコインですが、スイスでは電車の切符を購入したり、オランダのアムステルダムにはいくつもビットコインATMが設置されています。飲食店などでの支払いに対応するケースも珍しくありません。日本でも大手家電量販店の「ビックカメラ」や大手旅行代理店の「エイチ・アイ・エス」がビットコイン決済を導入しています。

暗号資産はスマホアプリで管理するので、取引所を介した売買や実店舗などでの支払いが手軽にできるのも特徴です。

これまで、日本円なら日本国内、米ドルならアメリカというように、お金は国ごとの法定通貨で色分けされ、その範囲内で使うのが当たり前。海外では外貨に両替をしたり、クレジットカードで支払うのが一般的でした。

ところが**暗号資産は、そうした常識を一気に飛び越え、国境を気にしないで使うことができます。**しかも、グローバルに流通していてフィンテックを使っているからこそ、送金もお手の物。銀行を使うよりスピーディかつ低コストで海外に送ることができます。海外で働き母国に送金したい人はまだまだ多く、どちらを使うほうが賢いでしょうか？　答えは言うまでもありません。

そして、各国政府が認めた法定通貨ではなく、世界中を自由に流通できる暗号資産を使う人が増えるとどうなるでしょうか。現金を管理したり送金するのに使っている銀行は、いまほど必要かというと、私はまったくそう思いません。お金を取り巻く環境や技術は大きく進化していて、それについていけない既存の金融システムは、崩壊に向かうでしょう。

ここで、自己紹介をさせてください。

私は幼少時から野球一筋で、青春時代はそのプレイに時間を捧げました。高校卒業後は実業団に所属し、28歳で引退するまで、練習と試合に打ち込む日々を過ごしていました。

思い残すことなく野球人生を終えた私は、新しいことにトライしようと起業の道を選ぶことに。情報、サービス、衣食住の分野で実業経験を積み、33歳のときには、これからのグローバル社会を見据え、海外にも進出しています。

そして、アラフィフを迎えた現在。マレーシアのクアラルンプールとシンガポールでそれぞれ会社を持ち、国内では東京で3つの会社の経営に携わっています。おかげさまでグループ全体を合わせた計5社で、約60億円の売り上げ規模に成長することができました。

とくに近年注力しているのが、世界的な時流に乗っているフィンテックの分野です。コロナ禍以降は日本にとどまる機会が多いのですが、それまでは月の半分を海外で過ごし、私自身も世界を回りながら最先端の技術やサービスについて学び、帰国した際は全国でフィンテックに関する講演会や勉強会、説明会を開催してきました。

参加者の年代は幅広く、学生から会社員、主婦、リタイア層などさまざまです。新しい技術に対する関心、最新情報をキャッチアップしたいなど、さまざまな目的で多くの人に最新の情報をお伝えしていますが、先述のように近年は大きなチャンスをつかんだ方たちもいます。

例えば、ある主婦の方は試しに買った10万円分の暗号資産が、一気に４０００万円まで増えることに。へそくりの30万円が１億２０００万円になった方もいました。

暗号資産は世間をにぎわせる一方、「本当に大丈夫？」「詐欺では？」という疑いの声があることも事実です。ですが、**行動を起こした人は、人生を変えるような成功を収めています。**それは、私のセミナーに参加して、「暗号資産は安全なのか」「どんなリスクがあるのか」「どの程度ならリスクを取れるのか」など、情報を精査してアクションに移したからでしょう。こういった方たちを増やすことも、私が目指すところのひとつです。

「ビットコインの価格も落ち着いたし、いまからフィンテックの波に乗れるのか？」と思う人もいるでしょう。

「ご心配なく」。これが私の答えです。フィンテックは暗号資産だけではなく、私たちの生活すべてを変えるパワーを秘めています。そこで何らかのチャンスをつかむことは可能でしょう。本格的な変化はこれからやってきます。

そこで本書では、フィンテックをうまく活用するための正しい知識、これからの社会の在り方など、柔軟な思考を養うための勉強をしていただきます。

フィンテックを論じる本はたくさんありますが、本書が他と違うのは、みなさんの生活や人生を変える技術を述べるだけではなく、フィンテックの活用にも言及した点です。このパラダイムシフトによるチャンスを逃すことなく、恩恵を受けやすくなる思考が育つはずです。

久田和広

目次

第2章　ブロックチェーンとは何か？

第3章　フィンテックは今後どうなるのか？

第4章 暗号資産の未来

第1章

銀行崩壊は新型コロナでますます早くなる

現実味を帯びてきた銀行崩壊

本章では、みなさんがお金を預けたり受け取ったり、さらには他の誰かに送ったり、場合によっては事業・生活資金を借りるなど、日常生活に深く関わる銀行がなくなるかもしれない――そんな、にわかには信じられない話をします。

「まさか？」「銀行がない生活はありえない」と思うかもしれませんが、フィンテックには既存の金融システムを駆逐するほどの力が秘められているのです。さっそく話を進めましょう。

銀行マンはいまやエリート職業ではない？

日本であれば、貨幣を発行し、物価や金融システムの安定に努める中央銀行の日本銀行（日銀）をトップに、三菱ＵＦＪ銀行や三井住友銀行、みずほ銀行、ゆうちょ銀行といった全国的に支店網を張り巡らすメガバンク（都銀）、さらには各地域で事業を展開する地方銀行（地銀）があり、その数は１２１行に上ります（都銀、地銀、信託銀の合計）。

こう聞くとかなりの数があるとわかりますが、昔はもっとありました。

私自身、昔を振り返ると、三和銀行や太陽神戸銀行といった行名を覚えています。

なんと、１９７０年代から２０００年初頭にかけては１６０行前後で推移してきました。そのうち、平成初頭まで都銀の数は13行！　それが徐々に金融再編の波にのまれ統合や合併を繰り返し、今日に至っています。

そもそも、日本の金融行政は金融システムの安定化を図るため、銀行をはじめとする金融機関を過剰に守る政策をしていました。ところが、そうした政策は**経営の効率化を阻害するなど、マイナスの影響を及ぼしていたことも事実です**。

そんな、紆余曲折を経てきた銀行ですが、みなさんはどういったイメージを抱いていますか？

私は学生時代、野球一筋でしたが、周りの友人たちが就職したのは、バブル崩壊がそろそろ現実味を帯びるころ。ですが、まだ世の中は浮かれていて、エリートで高給取りの銀行員は、人気の職種でした。みなさんも、そう思っていませんか？

確かに銀行マンといえば花形職業。かつて、メガバンクは就職希望先ランキングの上位を占めていました。地銀であっても就職できれば、周りから羨まれたことでしょう。

ところが、学生からの人気は徐々に下がっているのか、いまだと三井住友銀行と三菱ＵＦＪ銀行は大学生の就職希望先ランキングのトップ10にギリギリ入るものの、他行は圏外になりました。もちろん、いまでも人気なのでしょうが、その地位は下がりつつあります。

収入の面でも地殻変動が起きています。かつて、エリートの代名詞だった銀行員ですが、バブル崩壊以降の金融再編の波にさらされ、金融緩和に伴い超低金利政策で収益力が低下した結果、大手行の平均年収はリーマンショック直前の２００８年と19年を比べると、およそ１００万円もダウンしています。

東京商工リサーチが国内銀行79行を対象にした「平均年間給与調査」によると、２０２０年３月期の国内銀行の銀行員の平均年収は６０８万８０００円。業態別では大手行が762万5000円で、地方銀行は621万4000円、第二地銀は550万8000円でした。メガバンクでも三井住友銀行と三菱UFJ銀行に勤める40代行員なら年収は1000万円を超えますが、他行は800万円台。50代になり役員や部長などの上級職に就くと高給を維持できるでしょうが、関連会社などに出向すると年収は激減するケースもあります。

国税庁によると、会社員の平均年収は441万円（2018年）ですから、これに比べると銀行マンが厚遇なのはあきらかなこと。

ですが、その地位は盤石ではないようです。

メガバンクはリストラに着手

銀行業は、さらなる荒波にもまれそうです。

ご存じのように、日本はバブル崩壊以降、超低金利政策を続けていて、新型コロナウイルスによる景気減速を防ぐため、その状況は当分変わりそうにありません。これにより銀行の収益環境は厳しく、既存の金融システムに割って入るフィンテックやAIの浸透で従来のビジネスモデルに変革を迫られようとしています。

こうしたこともあり、2018年にみずほフィナンシャルグループは1万9000人、三菱UFJフィナンシャル・グループは9500人、三井住友フィナンシャルグループは４０００人という大規模なリストラを数年間かけて行うと発表しました。支店の再編も加速化していて、昨年５月に三菱ＵＦＪフィナンシャル・グループは三菱ＵＦＪ銀行の支店数を３年間で３００店舗ほど減らす計画を発表。みずほフィナンシャルグループも２０２４年度までに１３０店舗の削減を目指す方針です。地方銀行も同様で、今後２～３年で平均20店舗の削減を掲げています。

銀行の支店といえば駅に近い目抜き通り沿いにありますが、街を歩いていると営業をやめていたり、建物が解体されているのをいくつか目にしました。

いよいよ銀行崩壊が本格化してきたと私は思っています。

そもそも銀行には定型業務が多く、そのために多くの行員を雇っていますが、ＡＩの前段階ともいえるソフトウェアを使った定型業務の自動化技術「ＲＰＡ（ロボティック・プロセス・オートメーション）」は急速に普及しつつあります。これにより、いままで数人で行ってきた事務作業は１人でできるようになり、人は余るように。ＡＩ

が導入されると、その傾向はより顕著になるでしょう。ご存じの通り、ＡＩに仕事を奪われる職業で、銀行員は必ず上位にランクインしています。

インターネットバンキングの普及やクレジットカード、電子マネー、スマホ決済などにより、銀行に足を運ぶ頻度も減っているのではないでしょうか。現金を使う機会が減ると、ＡＴＭだっていまほど必要ではありません。いまではコンビニで、おおよその銀行口座にアクセスすることもできます。私自身、メガバンクの口座は持っていますが、支店窓口なんてほとんど行きませんし、ＡＴＭを使う頻度も激減しました。

２０１９年には三菱ＵＦＪ銀行と三井住友銀行が、店舗外ＡＴＭの共同利用を始めたことでも話題になりました。これにより、両行のＡＴＭが近接する一部拠点は廃止されます。

銀行としても、こうした新しいトレンドに対応できない行員には、正直なところ去ってほしいと考えていると思います。

そして、店舗やＡＴＭの数が減ると、入出金などによる手数料収入を得る機会も、おのずと減っていくことでしょう。

銀行を取り巻く環境変化が、既存のビジネスモデルを破壊しつつあります。近年は、紙の通帳の発行や大量の硬貨の預け入れに手数料を徴収する銀行も出てきましたが、これは苦肉の策でしょう。

新型コロナウイルスが銀行ビジネスにとどめを刺す？

このように、揺るぎない、超安定の組織であった銀行も、ついにリストラ時代に突入しました。私は銀行崩壊の序章だと捉えていますが、新型コロナウイルスはこれに拍車をかけるでしょう。

先述したように、感染拡大防止のため多くの人が外出自粛を強いられ、一時街から人は消え去りました。飲食店や宿泊業などは苦境に立たされ、コロナ関連倒産は増えるばかりです。

国際線の需要が大幅に縮小した航空業界も苦境に立たされています。関連会社などに職員を出向させたり、機内食をインターネットで販売して、メディアでも大きく取り上げられました。電車をはじめとする公共交通機関はテレワークの普及で乗客が減り、ＪＲ東日本はこれに対応する形で終電の繰り上げを発表することに。私鉄各社もこれに追随しました。

金融緩和による資金供給は株高を誘い、今年２月に日経平均株価は約30年ぶりに３万円台を回復、アメリカでもＮＹダウ平均株価が史上最高値を更新するなど、株式市場は活況に沸いています。株式投資をしている私の知人たちは、大喜びです。

ところが実体経済との乖離《かいり》は顕著で、元通りに回復するまでは少なくとも１～２年はかかるといわれています。

果たして、銀行は大丈夫でしょうか。

私は、**新型コロナは確実に銀行の寿命を縮める**と思います。ただでさえ構造改革を迫られているのに、改善されない収益悪化。先行きはあまりにも不透明で、お金を預ける場所として銀行だけを頼りにしてよいのか？　と疑問を覚えます。

また、コロナ禍では多くの人が「現金離れ」もしました。お金は誰が触ったかわからず、実際はかなり汚れています。感染症防止の観点からキャッシュレス決済にシフトする人が増えました。それ以前から国はキャッシュレス決済を進めていて、近年はクレジットカードのみならず、電子マネーやコード決済の普及により、利用者は増加傾向。キャッシュレス決済比率は２０１０年に13・２％だったのが、19年には26・８％にまで伸びました。

国からするとキャッシュレスが増えると紙幣や硬貨のコストが下がり、現金を持ち歩く人が減ると盗難などの犯罪防止にもつながります。店舗でも現金管理が減ると業務の効率化や、やはり犯罪防止になるでしょう。

そして、キャッシュレス決済が身近になれば、電子マネーなどと親和性の高い暗号資産に対するハードルも下がるはずです。法定通貨だと自国でしか決済はできませんが、暗号資産なら世界中のどこでも使うことができます。そうした利便性を重視し、**銀行を必要としないで暗号資産で資産を持つ人も増えていく**のではないでしょうか。

経済のグローバル化により危ぶまれる法定通貨

銀行と密接な関係にある、既存のお金（法定通貨）と中央集権化のシステムについても考えます。

先述の通り、世界各国には中央銀行があり、国家や特定地域の金融機構の中核的存在になっています。都銀など市中銀行に対して預金を受け入れるとともに資金を貸し出す「銀行の銀行」であり、国の預金を受け入れ政府資金を管理する「政府の銀行」、さらには「発券銀行」という3つの役割があり、金融政策を通じて物価の安定に対する責任を負っています。

なぜ日本で低金利が続いているかというと、バブル崩壊以降急速に悪化した日本経済を立て直すため、中央銀行である日銀が「ゼロ金利政策」や「マイナス金利政策」などを実施しているからです。これに加えて市場に大量の資金を供給する「量的緩和政策」により、民間銀行が企業や人にお金を貸し付け景気を活性化するというのが狙いです。うまくいっているかどうかはさておき……。

そして、私たちが日本で使っている日本円とは、国が発行権を持ち、国の造幣局が鋳造した貨幣と国立印刷局が印刷した紙幣のことです。我々は労働の対価としてこれを受け取ったり、支払いに使ったり、銀行に預けています。こうした仕組みは、どの国でもほぼ変わりません。

このように、お金の流通や価値は中央主権下のシステムで管理されています。一方、国内外の社会情勢や経済状況で変動しているのも現状です。

2008年に発生したリーマンショックをはじめ、その後もギリシアショックなどの欧州債務危機、チャイナショックなどもあり、そのたびに株式市場と為替市場は翻《ほん》弄《ろう》されています。２０２１年2月現在、米ドル／円は１０５円台で推移していますが、今後どうなるかわかりません。

ここからわかるのは、**私たちの大切なお金は中央集権による管理下では、国の政策やグローバル経済の動向で、その価値が上下するということです**。

これを「仕方ない」「当たり前のこと」と捉えるのか、もしくは「自分のお金は自分で管理したい」と思うのか。その意識の違いが、将来の豊かさを左右するのだと思います。

すでに時代遅れ？銀行が抱える数々の問題点

ここでもう一度、私たちの生活に欠かせないとされる銀行について考えます。

事業変革に伴いリストラや店舗の縮小に迫られているとはいえ、世間ではまだまだ信頼される、必要な場所といった印象を持つ人は多いでしょう。実際、私もフィンテックを知るまでは、そう思っていました。事業を拡大するには銀行から融資を受けないといけませんし、さまざまなアドバイスもしてくれます。

ですが、それは本当でしょうか。

多くの人は銀行や銀行マンを信頼していますが、金融機関での不正や不祥事は後を絶ちません。『半沢直樹』ではありませんが、組織的な問題もありそうです。残念ですが、いくら高学歴であっても、高い倫理観があるとは限りません。組織の慣習やルールに縛られるがゆえに、罪に手を染めることもあるのです。

昔からそうですが、銀行員による巨額横領の事件も頻発しています。もちろん、ほとんどの銀行員は真面目に働いているのですが、生身の人間に完璧は求められません。

また、私たちが預けたお金を企業などに貸して利子を得るというのが、銀行のビジネスモデルです。ところが、私たちがそれにより受け取る利子は、普通預金で年0・001％（2021年2月現在）と、ほぼ増えないに等しい水準です。

ちなみに、1980年代後半から1990年代前半は、普通預金の金利で平均2％。定期預金は年6％で、郵便局の定額貯金は8％という時期もありました。いまでもシニアを中心に投資をしないで預貯金を信頼するのは、こういった時代を経験しているからでしょう。

ところが、私たちのようなアフターバブルの世代だと、**銀行預金は単なる財布のようなもの。お金が増えることを期待していません**。

増えないのは仕方がないとして、預けたお金が勝手に使われていて、場合によっては減るとしたらどうでしょう? 「そんな経験はない」と思うでしょうが、そんなことも実際にあります。

例えば、いまは民間のゆうちょ銀行。もともとは230兆円の貯金残高がありましたが、2020年12月末時点では、およそ189兆円にまで減少しています、これは、銀行間の競争が影響し、他行へ資金が流れたからと考えられます。

では、ゆうちょ銀行に約190兆円もの現金があるかというと、そうではありません。同行は顧客の貯金を使い有価証券や投資信託を買ったり、貸出業務も行っています。その額は約220兆円にも上る規模です。とりわけ、有価証券に対する投資は巨額で、約136兆円。運用資産の約62%を投じています。もっとも多いのは外国証券などで、次に多いのは国債です。

では、ゆうちょ銀行がこうした資産を運用しているとして、預金者はそれを把握しているでしょうか。おそらく、ほとんどの人は何も知らないでしょう。

逆を言うと、ゆうちょ銀行は口座開設者に断りなく、勝手に国債や外国証券などを買っているわけです。国債であれば、預金者は勝手にお金を国に貸していて、間接的に国債を購入していることになります。これっておかしくないでしょうか？

財務省によると、日本の国債と借入金、政府短期証券の残高を合計した、いわゆる「国の借金」は2020年12月末時点で1212兆4680億円となり、初めて1200兆円を超えました。これは、日本のGDPの2倍以上で、主要先進国の中でももっとも高い水準です。

国民1人当たりの借金は約983万円に上ります。新型コロナに対する財政出動で、この額はますます増えていくかもしれません。そして、この借金を返済するのは、知らない間に国にお金を貸している、他の誰でもない我々です。

今後も明るくありません。

コロナに関係なく、日本は人口減少が続いていますから、1人当たりの借金額は増えるばかり。だからこそ、消費税や所得税は上がっていて、国民の負担は増すばかり。せっかく仕事を頑張っても多くは税金となり、手元に残るお金も減っています。

日本には100円ショップがたくさんあり、諸外国に比べると食べ物などの物価も安いとされています。もちろん、よいものが安く手に入るのはありがたいのですが、それは国民が貧しくなったからです。私が拠点を構えるシンガポールは反対で、国自体が成長しています。物価は上がりますが国民所得も同じように上がっているので、不満はそれほどありません。国自体が活気づき、明るい雰囲気に包まれています。


それに比べると、日本の先行きは明るくありません。預金を通じて勝手に国債が買われていて、私たち自身が国の借金を背負っているようなもの。それは、子どもや孫にも引き継がれていきます。

暗い話が続きましたが、私が言いたいのは、もう銀行はかつてのような存在ではなく、**銀行に頼り切った資産の管理はリスキーだということです**。

ここからは、具体的な問題点を挙げます。

問題① 銀行にお金を預けても増えない

先にも述べましたが、かつては銀行にお金を預けると、お金が増えることもありました。1990年代の定期預金の金利は6%台でしたから、100万円を預けると年間で6万円（税引き前）もの利子がついたことになります、預貯金は元本が保証されていますから、それなら株などリスク商品ではなく、資産運用は預貯金で十分と考える人がいても、おかしくなかったでしょう。

そんな定期預金の金利もいまでは、年0・002%というあり様です（三菱UFJ銀行のスーパー定期預金の場合）。100万円を預けて受け取れる利子は、たった、たった！の20円です。しかも、ここから税金も引かれます（苦笑）。普通預金の金利はさらに低く、メガバンクやゆうちょ銀行で０・００１％。対して、ネットバンクは定期であれ普通であれ、高めの金利を設定していますが、それでも高くても０・２％くらいです。

このように、**いまや銀行はお金を増やせる場所ではなくなりました**。むしろ、送金手数料や時間外のＡＴＭ使用料などでお金を取られる場所なのです。

「預ける安心がある」というなら、銀行でなくても構いません。それこそ、金庫を買って家に置いておくほうが、勝手に使われずに済みます。実際、私はお金を増やす、お金の置き場所として銀行を信用しておらず、こうした目的では使っていません。

問題②　送金手数料が高くて手続きが困難

私はビジネスにおいて事業資金を海外に送金する機会がありますが、銀行を使用するとそのプロセスから手数料まで、数々のステップと手間が求められます。

例えば、日本からシンガポールに向けて事業資金を送金する際、銀行なら、まずは窓口で外為送金の書類を作成し、送金目的などの詳細を記入。海外送金手数料、関係銀行手数料などを支払います。その額は店頭だと7000〜7500円かかり（三菱UFJ銀行の場合）、円建てで送金する場合は、別途送金額の1／20％（最低2500円）の手数料もかかります。

インターネットバンキングならもっと安くなりますが、それでもかなりのコスト負担を強いられます。また、3000万円以上の海外送金は税務署に報告義務があり、その手間もかかります。

つまり、送金を1回するために、**銀行の窓口での手続きなどに時間を使い、高額な手数料を支払い、送金先の銀行へお金が到着するまで数時間もかかります**。土日祝日は窓口が休みなので送金ができず、送金先の国の祝日など暦によっては相手先の銀行が休みであることも。さらに受け取る日程は延びてしまいます。

近年はマネーロンダリング防止を目的に各国政府の監視は厳しく、国際送金は難しくなり、シンガポールなどでは口座がクローズされる事態もあります。私自身、海外送金をしていると勝手に口座をロックされたことがありました。本来、銀行はお金を流通させてビジネスをサポートするのが役割ですが、本末転倒のようなことが起きています。

犯罪の防止とはいえ、自分が預けたお金を自由に引き出せないこともあるようです。

ある地方の講演会の終了後、私のもとへ参加者の女性がやってきて、次のように言いました。

「久田さん、聞いてください。ゆうちょ銀行の口座から1000万円を引き出そうと窓口に行ったら、銀行員から『警察を呼びますよ』と言われたんです。怖くなり帰ってきました」

なんと、銀行員は振り込め詐欺を疑い、お金を下ろさせてくれなかったそうです。

確かに大口のお金を引き出すには、その利用目的などを聞かれることはあります。ですが、預けているのはあくまでも自分のお金。ようするに、中央集権の金融システムにお金を置いておくと、法律や規制などに縛られ、自分の資産を自由に動かせなくなることがあるのです。

こうしたこともあり、私はすべての送金はビットコインで行っています。これなら、スマホがあればいますぐにでも世界中のどこにでもビットコインを送金できます。その額が1億円であれ、送金先がアメリカであろうと、ヨーロッパであろうと一切関係なく、すぐ相手に着金するのです。

もちろん手数料はかかりますが、500〜1000円レベルで、**銀行の海外送金に比べると、圧倒的な安さです**。

それに、ビットコインなどのデジタル通貨で行う送金は早くて安いだけではなく、送金データをブロックチェーン上に保存することで、不正や盗難、紛失などのトラブルもありえません。利便性と安全性を兼ね備えています。

理由③　銀行業務は煩雑すぎる

先でも述べましたが、銀行業務には多くの人手が必要で、だからこそ多くの行員を雇用してきました。ところが、それゆえに業務が属人化したり、優秀な人材に業務が集中するといったアンバランスな職場環境を招いています。それゆえ、ミスや不正が起きるわけです。

とりわけ、銀行員による着服や横領の事例が後を絶ちません。近年だけでも、以下のような事件が起きました。

・三井住友信託銀行：30代男性社員が20人の顧客から不正に資金を集め、計約3億7

０００万円を着服
・愛知銀行：60代女性行員が金庫から９２００万円超を横領の疑い
・東邦銀行：50代行員が顧客からの預かり金など約３００万円を着服
・北海道銀行：40代女性行員が業務用の管理機器から計６１１万円を着服

こうした事件以外に、昨年はゆうちょ銀行のデビットカード・プリペイドカード「mijica」での不正送金も起きました。その数は昨年9月時点で約３８０件、６０００万円の被害額と言います。

このように、銀行を取り巻くトラブルは非常に多く、インターネットで調べようものなら、複数の銀行が「不祥事件について」の項目で報告していることがわかります。銀行業界だけがそうではないでしょうが、お金を扱うだけに、犯罪の誘惑が多かったり、セキュリティの甘さが大問題に発展しやすい職場だとわかります。

そして、銀行業務は多岐にわたるからこそ多くの人を雇用していますが、それが莫大な人件費となり、業績の足を引っ張っていることも事実です。ところが、日本はいったん雇用した行員を簡単にクビにすることはできず、それがさらなる生産性の低下になっています。

もともとが盤石なビジネスモデルだったこともあり、新たなテクノロジーに対する感度が低いのも問題です。銀行システムが障害を起こしてニュースになったことは度々あり、インターネットバンキングなどの使い勝手も、あまりよくありません。

ＩＴを得意とするフィンテック産業が作ったものとは、雲泥の差があります。

このように、構造的な課題を抱えているのも、銀行の現状です。

ＩＴに精通した人材の登用はもちろん、ブロックチェーンなどフィンテックを取り入れて、業務の在り方を変えていかないと、その存在価値は、ますます低くなっていくに違いありません。

少なくともブロックチェーンを導入すれば情報の改ざんはできなくなるので不正は起きにくくなり、ミスだって激減するでしょう。

AIを活用して人材をスリム化、業務効率を上げないと、潰れる銀行がこれから続出すると思います。

銀行以外で自分の資産を守る時代が到来！

なんだか、銀行に対するネガティブキャンペーンのような話ばかりになってしまいました。誤解しないでいただきたいのは、銀行には「預金業務」「貸出業務」「為替業務」といった3大業務があり、債務保証や手形割引、投資信託の販売なども手掛けていて、多くの法人・個人から必要とされていることは事実です。

ですが、その地位に胡坐《あぐら》をかいていると崩壊を早め、フィンテックや新型コロナがその引き金になる可能性が高いということです。実際、アメリカの某メディアは、**「改革ができない銀行は10年以内に滅びる」**と予言していて、私も同じように考えています。

こうした状況を背景に、時代の流れや日本の銀行の実態を見かねて、先見性のある企業や個人は海外の銀行にお金を預ける「キャピタルフライト（資本逃避）」をするケースも増えました。同時に、不正がなくセキュリティも安全なブロックチェーンを利用したインターネットの中に、暗号資産として自分のお金を移す人も出てきています。

つまり、**銀行以外で自分の資産は自分で守らないといけない時代**が、もうやってきているのです。

社会保障についても考えてみましょう。

例えば、公的年金。私の父親は第一次ベビーブーム（１９４７〜４９年）の生まれで、この世代の方たちは年金が60歳からもらえると信じて、若いころから真面目に働き、毎月年金保険料を納付してきました。

ところが、あと数年で年金がもらえるというときになり、国はあっけなく年金の受給開始年齢を60歳から65歳に引き上げました。かなりショックだったと思います。

そして、年金といえば社会保険庁がオンライン化した年金記録に不備や誤りがあったという「年金記録問題」もあり、ずさんな管理体制が発覚し、大きな問題になりました。結局、こうした問題はうやむやになり、いまはどこ吹く風です。その間の組織が透明化し、健全な運営になっていればよいのですが、果たしてどうでしょうか?

ところが、こうした問題もブロックチェーンを導入すれば、一気に解決します。むしろ、不正やミスが起きやすい組織ほど、この技術を取り入れて改革を促すべきだと私は考えています。

これまで、私たちは何の疑問も持つことなく、自身の資産の管理を国や銀行に任せっぱなしでした。なかには、将来を見据えて株や債券を運用する人も出てきましたが、まだ多数とは言えません。

私はこうした環境に甘んじるのではなく、もっと能動的に資産を守らないといけないと考えています。

幸いなことに、いまは**ブロックチェーンやビットコインといった、それを実現できる技術が現れました**。自身はもちろん、家族の将来を守るためにも、関心を持っていただきたいと思います。

そこで次章では、この世の中を変えるポテンシャルがある、ブロックチェーンの仕組みについて迫ります。

第2章
ブロックチェーンとは何か?

ブロックチェーンとは？

前章では、普段使っているお金は中央集権のもと管理されていて、私たちのあずかり知らないところで勝手に使われたり、価値が変動すると話しました。「世の中で信用できるのはお金だけ」といいますが、法定通貨だけに頼っていると、いつか裏切られるのではと勘ぐってしまいます。

いずれにしても、お金（法定通貨）や既存の金融システムだけにとらわれるのではなく、これまでの環境を抜け出すことが、豊かな未来を実現するチャンスになるはずです。

そこで大切なのが、**新しいお金の在り方を提供するフィンテックに対する知識を養**

い、**日常生活でうまく使いこなすこと**です。

何もそれは、「すべてのお金を暗号資産に替えなさい！」というわけではなく、その一部を暗号資産にして投資や決済に使ったり、自分のお金をフィンテックに投じることで守り、増やしていきましょうという考えです。

そこで本章では、フィンテックを支える「技術」に焦点を当てて、話を進めたいと思います。これを理解することで、フィンテックをどのように活用すればよいか、具体的なヒントにもつながるでしょう。

さまざまなテクノロジーが使われているフィンテックのサービス

新しい金融サービスであるフィンテックには、数多くの技術が導入されています。

例えば、インターネットなどのネットワーク経由でユーザーにサービスを提供する「クラウド」は、いまやお馴染みです。データのストレージは最たるサービスですし、ロボアドバイザーなどフィンテック関連のサービスでも、ユーザーがブラウザにアクセスできれば使えるのは、クラウドの仕組みを使っているからです。

フィンテックはもちろん、あらゆるインターネットサービスに欠かせないテクノロジーと言えるでしょう。

「ＩｏＴ（Internet of Things）」は「モノのインターネット」と呼ばれる技術のことで、自動車や冷蔵庫や洗濯機といった家電製品など、身の回りのものがインターネットにつながるシステムのことです。これにより膨大で幅広い情報がリアルタイムで蓄積されるようになり、フィンテックの予測精度の向上に役立ったり、新しいサービスの開発を促します。

例えば、いまでは身近なツールとなりつつある、Apple Watch などのウェアラブルデバイス。歩数や消費カロリーなどのデータが計測でき、これらは保険などに活用できるかもしれません。

実際に海外の保険会社ではウェアラブル端末を使い保険加入者の健康状態をチェックし、健康に資する行動をすると、そのデータが報告され、保険料が割り引かれるといったインセンティブを与えるような仕組みを実現しています。

コンピュータが得た情報をもとに、物事を認識・推論する「ＡＩ（人工知能）」は、フィンテックと親和性の高い技術です。データの解析に必要不可欠で、ビッグデータや認証技術にも深く関わっています。
貸し付けや支払い、投資に関する業務の自動化、資産管理に関するアドバイス、株価の予測分析に使われていて、ロボアドバイザーはそのひとつ。チャットボットやスマートスピーカーを使ったアシスタントサービスもＡＩのおかげで成り立っています。近年は実装化が進み、さらなる活用が期待されています。

大量の情報から必要な情報を解析する「ビッグデータ」もフィンテックに関係します。

例えば、与信の調査。これまでは職業や年収、他での借り入れなどを自己申告したうえで、通常なら２週間ほど調査に時間をかけていました。ところが、銀行口座やクレジットカード、ＳＮＳなどの情報を使うことで、数分で終わるようになっています。精度も高く、ＡＩと組み合わせてサービスを提供する事例が増えました。

「認証技術」もフィンテックに活用されています。従来は暗証番号やパスワードといったセキュリティを使っていますが、静脈や指紋、虹彩などを使った生体認証は安全性が高く、個人情報の漏洩《ろうえい》やスキミング防止に効果的とされています。

いまはスマホにも採用されているので、みなさんにとっても、親しみのある技術だと思います。フィンテックの分野でも不正ログイン対策などに使われています。

フィンテックを支え将来を変える最大の技術が「ブロックチェーン」

そして、これらの新しい技術のなかで、フィンテックにとってもっとも重要なのが「ブロックチェーン（Blockchain）」というセキュリティプログラムです。

私は、フィンテックが新しい車だとすれば、ブロックチェーンはその車を安全に動かすためのエンジンのようなものだと、よくたとえています。

ブロックチェーンは「分散型台帳技術」と呼ばれるもので、中央サーバによる中央集権型管理で取引情報を管理するのではなく、世界中にあるコンピュータにデータや取引情報（トランザクション）を分散して、**ユーザー同士がお互いに管理する技術の**ことを指します。トランザクションを分散させる手法のため、ハッキングやデータ消失のリスクを抑えることができ、ネットワーク上に存在するデータを不特定多数の人間が監査するので、偽造の防止も可能です。

国家や企業が介入することなく金融取引などの安全性を保つことができ、とくに暗号資産を支える技術として注目されるようになりました。

ブロックチェーンはどこからやってきたのでしょうか。

もともとは、「サトシ・ナカモト」という人物が2008年にインターネット上で公開した論文がもとになっていて、そこには暗号資産であるビットコインの概念と、システムの中核であるブロックチェーンについて記されていました。これに興味を持った複数のエンジニアたちが論文をもとに開発を進め、1年後の2009年にビットコインとブロックチェーンがこの世に生まれました。

この、サトシ・ナカモトという人物。名前からするに日本人と推測できますが、論文の英語の特徴からイギリス人だといわれていたり、一個人ではなく新たな通貨システムを確立させたいと考えたプログラマー集団であるという声もあり、いまだに正体不明の謎に包まれた存在として知られています。

詳しくは後述しますが、いまではビットコインだけではなく、さまざまな分野で活用されているブロックチェーンの技術。世の中の仕組みを大胆に変えるという点で、サトシ・ナカモトの功績は偉大で、インターネット以来の発明だと言われるほどです。

ブロックチェーンで管理の仕組みが変わる

ブロックチェーンには大きく3つの特徴があります。それぞれを紹介しましょう。

特徴① 管理者がいない分散型台帳（非中央集権型）システム

ブロックチェーンには特定の管理者はいません。

「管理者がいないのに運営できるの？」と思いますが、記録された情報は複数のコンピュータに分散して管理される仕組みです。「誰か（どこか）1人（1つ）に任せないで、**複数人でデータを管理しましょう**」という考えにのっとったシステムであり、そもそも中央サーバもありません。そこにトラブルが発生してデータが消えるという問題は起きようがないのです。

特徴②　情報の改ざんが不可能

ブロックチェーン上でやり取りする情報は、暗号化されます。これにより、不特定多数の人たちの間でデータを共有しても、内容を見られることはありません。

ブロックチェーンに情報を記録するときも暗号化してセキュリティを高めているので、情報の改ざんはほぼ不可能とされています。

特徴③　安全な取引が実現

これも詳しくは後述しますが、お互いのコンピュータがつながり情報をやり取りすることをＰ２Ｐ（ピアツーピア）と呼びます。この仕組み自体はブロックチェーンが生まれる前からありましたが、分散管理や暗号技術が組み合わさることで、**安全性の高い個人間取引が成立しました**。ブロックチェーンが特定の管理者に依存せず、強力な暗号技術が施されているからこそ、できることです。

なお、ブロックチェーンにはいくつか種類があり、大きく「パブリック型」「プライベート型」「コンソーシアム型」の3つに分けられます。

例えば、パブリック型は、ネットワークに接続できる不特定多数が管理するスタイルで、ビットコインもこれに該当します。パブリック型では常に新たな参会者が入ってくるため分散性が強く、改ざんが難しいというのが特徴です。一方、不特定多数の承認を得ないと情報が記録されないので、承認に時間がかかるのが難点です。

ちなみに、なぜ多くの人がビットコインの情報の承認に参加するのでしょう。決してボランティアでやっているわけではありません。そこには報酬があるからです。ビットコインは世界中で取引されていて、その金額は数百億円相当と、かなりの膨大な量に上ります。そして、これらの取引はブロックチェーンで管理されているから、安全性が担保されるわけです。これが、中央銀行に管理されている法定通貨との大きな違いです。

そして、ブロックチェーンではビットコインの取引データ（トランザクション）をまとめて1つのブロックを作り、そこには、「いつ」「誰が」「どのくらいの量を取引した」ということが書き込まれ、その情報を第三者がチェック・承認することで正確な記録となるのです。この、承認作業のことを「マイニング」といい、マイニングをする人のことを「マイナー」と呼んでいます。

では、なぜ世界中にマイナーがいるかというと、報酬として新規発行したビットコインが支払われるからです。その額は決まっていて、２０２１年2月時点で、6・25ＢＴＣ（ビットコイン）。平均して約10分ごとに送金取引をまとめてチェック・承認するという仕組みで、４月時点なら１ＢＴＣが最高約６９０万円だったので、マイニングに参加することで約４３１２万円を得ることになります。これを目的に、多くの法人や個人がマイニングに参加するのです。ボランティアではありません。

なお、ビットコインは発行枚数の上限が２１００万枚になるよう設計されていて、

4年に1度報酬が半分になる「半減期」が設けられています。第1回は2012年、2回目は2016年に発生していて、そのたびにマイニング報酬は、50BTCから25BTC、25BTCから12・5BTC、そして3回目となる去年の半減期で、12・5BTCから6・25BTCになりました。

なぜ半減期があるかというと、ビットコインは発行枚数に上限があるとはいえ、流通量が多くなることで需要は下がっていくはずです。そのため、半減期を設けることで新規の発行量は減り、価値（価格）の維持や安定化を目指しているとされています。

話はそれましたが、こういったインセンティブがあるので、パブリック型のブロックチェーンに参加する人がいるということです。

特定の管理者がいるプライベート型は、承認の権利は管理者しか持っていません。少人数での承認が可能になり、パブリック型に比べてスピード感があるのがメリットです。ネットワークへの参加も管理者の許可制なので、外部への情報漏洩リスクも抑えられます。

パブリック型とプライベート型の間にあり、複数の管理者がいるのがコンソーシアム型です。

パブリック型よりも承認速度が速く、プライベート型に比べると分散性が高いなど、両者のメリットを兼ね備えたものといえるでしょう。

このように、ブロックチェーンにもいろんな種類があり、承認システムも膨大な量の計算問題をもっとも早く解いた人が承認の権利を得る「ＰｏＷ（プルーフ・オブ・ワーク）」と呼ばれるものや、暗号資産の保有量や保有期間に応じて承認の権利を与える「ＰｏＳ（プルーフ・オブ・ステーク）」など、いくつものパターンがあります。簡単にできて終わりではなく、進化し続けているのもブロックチェーンの特徴といえそうです。

革新的なブロックチェーンの技術

ここまでの解説で、「難しくて意味がよくわからない」という人もいることでしょう。

そういった方は、まずブロックチェーンという名前をそのまま、**「ブロック」であるいくつもの欠片《かけら》が「チェーン」でつながれている**さまをイメージしてください。

これがブロックチェーンの概念であり、取引された複数の取引記録（トランザクション）が記録されたデータ＝台帳をブロック状態にして、それをチェーンで鎖のようにつないだ形で保存するデータベースということです。

なお、ビットコインの場合は、約10分ごとに新しく1つのブロックができ、世界中のマイナーが競ってブロックの中身をチェックし、もっとも早く承認できた人が、新規発行されるビットコインを受け取ります。

このブロックチェーン技術の開発により、いままでの中央集権下にある一元管理されていたシステムは分散型にすることができ、先述したような**「改ざんが不可能」「安全なデータのやり取り」が実現しました**。

データが分散しているので、1つのシステムがダウンしても他所で復活させることができます。結果、個人情報などのデータ管理や保存、セキュリティとしての機能は、より強固になったと言えるでしょう。

前章でも述べましたが、ブロックチェーンを使うことで、海外への送金手数料は格段に安くなります。

銀行を使うと窓口であればインターネットバンキングであれ、最低数千円の送金手数料が発生します。これは株やFXでも同様で、前者なら一約定ごとに手数料が徴収され、FXでは取引するたびに「スプレッド」という手数料が実際のレートに上乗せされます。中央集権型のインターネットの金融サービスは、この手数料が収益の源泉だからです。

当然ながら、サーバなどのコストもかかります。海外送金に関しても、送金元の銀行⇒国際送金ネットワーク⇒送金先銀行と、複数の仲介者が介在するのでコストが高くなり、入金処理にも時間を要するのです。

他方、中央管理者が不在のブロックチェーンを使ったネットワークでは、送金に関しても参加者同士が相互監視するので不正が起きにくく、かつ介在者が少ないので低コスト・スピーディな送金が実現します。

現在は、送金時のみ暗号資産に変換して送金するサービスや、特定の銀行同士でブロックチェーンを構築し、送金処理を行うケースがあるようです。

ユーザー同士がデータを管理

ブロックチェーンの分散型技術について、さらに掘り下げましょう。

この技術では、すべての取引履歴をユーザーたちがみんなで共有する「P2P（ピアツーピア）」と呼ばれるネットワークを使用します。

P2Pは「対等な者から対等な者へ」を意味する言葉であり、P2Pネットワークとは、「ネットワークを監督する中央サーバ（クライアント・サーバ）が不在で、コンピュータとコンピュータが直接つながれたネットワーク」を指します。

先述したように、P2P自体はブロックチェーン以前からあった技術で、私たちが日常で使っているお馴染みのネットワークです。例えば、サーバを経由しないでダイレクトに相手とメッセージのやり取りができる「ＬＩＮＥ」や無料通話の「スカイプ（Skype）」などは、Ｐ2Ｐ方式の技術を用いたもの。ＬＩＮＥのメッセージが瞬く間に送受信できるのは、Ｐ2Ｐのおかげです。

対して、インターネットで買い物をしたり飛行機のチケットやホテル・旅館を予約、動画サイトで映画やドラマを観る場合はどうでしょうか。

基本的にこれらのインターネットサービスはクライアント・サーバを使った一元管理をしていて、1つのサーバに何万、何十万の顧客データを保存しています。よって、1つのサーバにアクセスが集中するとサーバに負荷がかかり、サーバがダウンするのです。

みなさんも、人気のライブや演劇などのチケットを取るのに、こうした経験はあると思います。私もそうで、「早くブロックチェーン技術を応用してほしい」と思っています。

さらに問題なのは、特定のサーバに対する悪意のあるサーバ攻撃です。ハッキングを受けると、サーバに保管されていた顧客データは流出し、クレジットカードの番号が登録されていたら、不正使用につながる恐れがあります。

近年は日本企業に対するサイバー攻撃も後を絶たず、個人情報漏洩などの事件にも発展しています。２０１７年には「ヤフー（Yahoo!）」にハッカーが不正にアクセスし、30億件もの個人情報が流出。日本でも今年に入り、カプコンや東京ガスなどでサイバー攻撃が発生し、ユーザーの情報などが流出した可能性があるとメディアで報じられました。

こうしたトラブルで困るのは、**私たち自身では防ぎようがないということです**。ＰＣやスマホにセキュリティソフトを入れたり、登録パスワードを定期的に変えることはできても、サーバへの攻撃を止めることができません。これも、中央集権型システムの弱点でしょう。

対してブロックチェーンの場合、名前や住所、生年月日、クレジットカードの番号などの個人情報は、ブロックのなかに保存。その際は、「ハッシュ関数（元データに対して別の値を出力する暗号方式）」により、一定の文字数が不規則な文字列に変換される「ハッシュ値」として暗号化されるという仕組みです。これにより、データの元をたどれない「不可性」を持つことになり、ブロックの中の情報を読み取ることはできません。

ブロックチェーン上では、一度記録されたデータを変換することは不可能なのです。

ブロックチェーンの活用方法

いかがでしょうか。ここまでの解説で、ブロックチェーンの新しさ、中央集権型にはないメリットが理解できたと思います。

では、そんな便利な技術は、どのような分野での活用が期待されているのでしょうか。いくつか取り上げましょう。

ブロックチェーンの活用①
暗号資産の流通・管理

ブロックチェーンがビットコインの流通・管理から始まったように、他の暗号資産にも積極的に使われています。もっともメジャーな活用方法かもしれません。

世界的に流通するものだけではなく、地域の自治体や企業が独自に暗号資産を発行し、コミュニティの活性化にも使うことができます。

例えば昨年6月には、ソラミツ株式会社（東京都渋谷区）、有限会社スチューデント・ライフ・サポート（福島県会津若松市）、株式会社ＡｉＹＵＭＵ（福島県会津若松市）は、ブロックチェーン「ハイパーレジャーいろは」を活用し、複数のデジタル地域通貨をつなぐ「相互運用」可能な決済・送金を目指すトークン型のデジタル地域通貨「Byacco（白虎）」を開発し、2020年7月1日から福島県会津若松市の会津大学内で正式運用を開始しました。これにより、同大学の学生食堂や売店では、Byaccoで支払いができます。

ソラミツはこれまでもカンボジア国立銀行と共同で世界初の中央銀行によるデジタル通貨の「バコン」を開発していて、Byaccoはこの技術を活用し、日本向けに最適化したものです。ブロックチェーンを活用したデジタル通貨の正式運用は、日本初となります。

先に挙げたカンボジアだけではなく、現在は中国などでもブロックチェーンを使った中央銀行デジタル通貨（ＣＢＤＣ：Central Bank Digital Currency）」の開発も急ピッチで進められています。

三菱ＵＦＪフィナンシャル・グループも独自のデジタル通貨「coin（コイン）」を

開発していて、もともとは２０２０年度後半に実用化する方針でした。おそらく、新型コロナの影響で遅れているのでしょうが、こうした動きは今後も活発になっていくでしょう。

ブロックチェーンの活用②
トレーサビリティ

ブロックチェーン上の取引履歴を活用すると、製品上の追跡を高精度に行うことができます。

これにより、食品の産地や原材料、消費期限の偽装はできなくなり、安全性が担保されます。製品に張り付けられたＮＦＣタグやＱＲコードから製品情報を追跡できることで、消費者にも安心感をもたらすでしょう。

これに関する取り組みは進んでいて、米ウォルマートはＩＢＭと提携して、サプライチェーン全体の情報にアクセスし、トレースができる仕組みを２０１８年に実用化しています。

高級ブランドの「ルイ・ヴィトン」などを展開する仏ＬＶＭＨもブロックチェーンを活用したプラットフォーム「ＡＵＲＡ（オーラ）」の構築を発表しています。消費者は製品につけられたＱＲコードからサプライチェーンを追跡でき、二次流通時にも記録が残るので製品の真贋《しんがん》が確かめられる仕組みです。「ルイ・ヴィトン」「ディオール」から導入を始め、他ブランドにも拡大する予定だといいます。

日本では、民間の電力小売事業者である「みんなの電力」が、生産者の顔が見える電力を供給するため、ブロックチェーンを活用した、電力のトレーサビリティを始めています。これによりユーザーは、同社が提携するクリーンエネルギーの生産者の中から、利用したい発電事業者を選ぶことができます。

ブロックチェーンの活用③ スマートコントラクト（契約自動化）

ブロックチェーン上に取引内容をプログラミングしておけば、**仲介者がいなくても自動的に契約を成立させることができます**。

例えば、商品の売買。ブロックチェーンを使うと契約内容の改ざんが極めて難しいため、自動であっても小売業者を通さず安心して行うことができます。中間業者の手数料がなくなるので製品価格は安くなり、取引の記録はネットワーク上に残るので安心です。

この分野では、ＡＩを活用した不動産流通プラットフォームを展開するＧＡ Technology（ジーエーテクノロジー）が、日本ＩＢＭが開発・提供するブロックチェーンを、自社が開発する不動産デジタルプラットフォームに導入すると、2019年に発表。ブロックチェーンを基盤としたスマートコントラクトを実装することで安全性や効率性、透明性を兼ね備えた不動産賃貸契約を実現するとしています。

具体的には、オンラインで入居申し込みから審査、賃貸契約が可能になり、将来的には引っ越しやライフライン加入など、住まいに関するさまざまなサービスの申し込み・契約が可能になることを目指すと言います。

また、コロナ禍では多くの企業がリモートワークを導入しましたが、それと同時に、「出社してハンコを押さないと契約ができない」という課題も浮き彫りになりました。

こうした問題も、契約内容を改ざんすることができず、契約の執行も権限管理ができるブロックチェーンを導入すれば、解決できるはず。ハンコの代替え手段として適しているでしょう。

ブロックチェーンの活用④
本人確認・身分証明

国によるマイナンバーや戸籍、自治体が管理する住民票、さらには企業の管轄である顧客情報など、これらをブロックチェーンで管理すれば、特定の管理者は不要になり、個人情報漏洩のリスクは大幅に下げられます。他方、公開しても構わない情報はネットワークで共有すると、１つのＩＤでさまざまな認証を行うことができるでしょう。

この分野で有名なのは、国連による「ＩＤ２０２０」のプロジェクトです。世界には11億人ものＩＤを持たない人がいて、それらの人々にブロックチェーンと生体認証システムを活用したデジタルＩＤを付与するという内容です。これにより、分散型の

IDネットワークのフレームワークの標準を作り、効率的に開発人道支援を提供するのが狙いといいます。アクセンチュアが開発していて、2030年までに普及させることを目指しています。

ブロックチェーン開発企業の株式会社chaintopeは、近畿大学や九州工業大学による協力のもと行政文書のデジタル化社会実験を福岡県飯塚市で始めたことを、今年1月に発表しています。

この取り組みでは、行政データのデジタル化を実現するための基盤となる「トラストシステム（認証局）」および運用体制の構築が目的です。具体的には、住民票をデジタルデータとしてスマートフォンにダウンロードし、そのまま会社や団体に提出、認証までを行うといいます。

本事業で構築されるトラストシステムは、証明書を要約したデータに発行者としての飯塚市が電子署名を行い、そのデータと交付した日時（タイムスタンプ）を保管する仕組みで、タイムスタンプは、chaintopeが開発した独自のブロックチェーン

「Tapyrus（タピルス）」によって公開される設計で、実際の運用時には、複数の自治体や事業者によって分散管理される想定です。

日本から遠く離れた、北欧のエストニア共和国ではさまざまな行政サービスが電子化されていて、国民は電子ＩＤを使い住民情報・医療記録の管理や閲覧、納税、投票といった多くのことがオンラインでできるようになっています。ここで使われているのは、既存のシステム同士をつなぎ、相互参照することが可能な「X-Road（エックスロード）」と呼ばれるプラットフォームで、これにより各省庁や医療機関の情報の連携が行われていたり、銀行なども接続が許可されています。

「X-Road」ではセキュリティ対策としてブロックチェーンが採用されていて、これが情報漏洩防止などにもつながっています。

ブロックチェーンの活用⑤
資産・権利の管理

資産や権利の管理にもブロックチェーンを使うことができます。

これまでは、実際に所有しているという事実や、政府や自治体、業界団体による承認により担保していましたが、管理が十分でないケースもよく見られます。

ブロックチェーンを使うことで透明性の高い仕組みを構築することができ、二次流通にあたっても元の所有者や著作権者に還元される流れも作ることができそうです。

例えば、スタートバーン株式会社（東京都文京区）は、アート作品の証明書発行や来歴管理、売買利益や規約をブロックチェーンで管理し、アーティスト本人が還元金を受け取ることができる、新時代のアート作品の流通・評価のインフラとなる「スタートレイル（Startrail）」を運営しています。

ブロックチェーンで変わる近未来

さまざまな分野での活用が期待されるブロックチェーンですが、社会に実装化されることで、私たちの生活は大きく変わりそうです。いくつか、私が思い描くシーンを取り上げましょう。

例えば、日本の裁判。果たして、100％正しい判決を出しているでしょうか。確かに裁判官は若いころから勉強を重ねてよい大学を出て、そのキャリアを手にしたわけです。ですが、彼らも人間ですからそのときの感情や過去の判例に判断が左右されることは、決してゼロではないはず。それゆえ、間違った判決は必ずあると思います。みなさんも、新聞やネットを観ていて、同じように感じたことはあるでしょう。

例えば、事業の立ち上げや不動産の売買を経験したことがある裁判官と、そうではなくただ勉強だけをしてきた裁判官がいて、どちらが事業者の実態に即した判決を下せるでしょうか。何もしたことのない人が、民事トラブルやお金の貸し借り、企業間の争いに、正当なジャッジができるのか、ということです。

ドラマ『ＨＥＲＯ』の久利生公平（彼は検事役ですが）を思い出しますが、やんちゃであれ何であれ、人生経験が豊富なほうが信頼できると感じてしまいます。とはいえ、経験があるゆえに偏った見方をするのではといった心配もあり、いずれにしても、人が判決を下す裁判には、構造的な欠点があるというのが私の見方です。

ところが、ここでＡＩやブロックチェーンを活用したシステムがあるとしたら、どうでしょうか。

過去の判決はブロックチェーンで管理すれば改ざんはできず、膨大なビッグデータを人工知能で解析すれば、ヒューマンエラーを避けた判決が下されるかもしれません。

中国浙江省紹興市の裁判所では、証拠収集にブロックチェーンが初めて使われた刑事事件裁判が2019年にあり、詐欺罪に問われた被告が懲役1年2か月、4000元の罰金判決を受けています。

報道によると、被告は2017年1月から2019年3月にかけ、「財布を落として実家に帰れない」などと偽り、わかっているだけでも176件の詐欺をはたらき、9993元（約15万円）をだまし取ったそうです。

この案件は被害者が多いものの1件当たりの被害額は小さく、事件の発生場所も複数の省にまたがり広範囲にわたりました。従来のやり方で光ディスクに記録や証拠を保管すると、警察、検察、裁判所の間で大量の光ディスクをやり取りする中で破損や紛失のリスクが大きく、中のデータの書き換えも懸念されました。

そこで担当裁判所は、中国IT大手アリババの金融子会社でブロックチェーン技術を提供するアント・フィナンシャルの協力を受け、証拠データを暗号化。ブロックチェーン上に保全した証拠を捜査から起訴、裁判審理まで採用しました。

犯罪や防犯への活用では、ブロックチェーンを使った防犯カメラも登場しています。近年、インターネットにつながった監視カメラには、データやセキュリティに対する侵害が多発し、企業や行政などの管理者を悩ませています。監視カメラがハッキングされ、アラームが突然鳴らされたり、偽のメッセージが送信されるなどの事件はアメリカで実際に起きました。

こうしたトラブルをなくすため、データを暗号化することでセキュリティを高め、改ざんもできないブロックチェーンを開発したそうです。

ブロックチェーンは不可逆

ブロックチェーンは不可逆的な記録で、**取引履歴が承認されると書き換えることはできません**。

こうした特性は、年金の管理や政府や企業の議事録などのデータ管理にも向いています。データが出来上がると改ざんできませんし、誰もがアクセスして内容を確かめられるので、書き換えや紛失も無縁になります。管理者サイドも、不正のしようがなくなるというわけです。

第1章でも触れましたが、日本では公的年金のデータをデジタル化するうえで、「消えた年金問題」など、ずさんな管理方法が批判されました。「100年大丈夫な年金システム」とある政治家は言いましたが、まったくのウソだったのです。

ですが、こうしたトラブルが起きるのも、中央集権型の管理方法で、多くの人が介在するからではないでしょうか。

政治の場面でも、「モリカケ問題」のように大事な書類がなくなるのは、データの管理方法が適切ではないからです。ならば、隠したり改変できないブロックチェーン技術を導入すべきでしょう。

なお、米アマゾンと英保険会社のリーガル・アンド・ジェネラル社は、企業年金の取引業務にブロックチェーンを導入するための提携を2019年に発表しています。長期間にわたる年金業務の記録を安全に管理するのが狙いです。

このように、ブロックチェーンが実生活に溶け込むことで、違法行為は大きく減っていくと私は考えています。ブロックチェーンで管理されているとわかれば、不正を働こうとする人は減るはずです。「監視社会のようでよい気分がしない」という人もいるでしょうが、かつて街中に防犯目的の監視カメラが設置されたときも、同様の声はありました。

ところがいま、こうしたカメラが犯罪の抑止力となり、事件が起きた際も現場検証や犯人検挙に役立っています。

Suica のようなＩＣ乗車券、クレジットカードをはじめとするキャッシュレス決済などのデータを使うと、人の動きを追うことができ、ブロックチェーンを使えば、その精度は非常に高くなります。法律と照らし合わせながら、そのような活用法も、今後は検討されるのではないでしょうか。

公務員の仕事はそのうちなくなる？

ブロックチェーンにより安全で正確な情報管理が容易になり、犯罪も減っていくとしたら、私は役所や税務署の職員、警察官をはじめとする公務員は、その数を大きく減らすと考えています。

お金の流れをブロックチェーンで管理すると横領や脱税はしにくくなり、スマートコントラクトを使うと、納税までを自動化できます。いまほどの人が必要だとは思えません。

いまは、重要な情報だからこそ住民情報を公務員が管理していますが、そのほとんどは事務作業であり、ブロックチェーンに置き換えることができ、人件費の削減につながるばかりか、人手不足の日本において、必要とされる場所に人材を再配置することにつながります。

私自身はブロックチェーンの恩恵を受けやすい業界ほどリストラは進むと考えています。具体的には、第1章で挙げた銀行や本章で挙げた公務員、他にも医療、保険、製造、不動産、教育、音楽、投資などの分野です。

働き方も大きく変わります。

ブロックチェーンを認証の分野で活用すると出社の機会は減り、リモートワークはさらに普及するかもしれません。イギリスやアメリカはすでにそうで、自宅のパソコンで作業するスタイルが主流です。

日本人だけが真面目に通勤していますが、ここから解放されると通勤ラッシュの解消、住む場所にも縛られることがなくなり東京一極集中も緩和されるかもしれません。

東京・JR山手線の新宿駅の1日の平均乗車数は77万人超の規模（2019年度）

で、これは世界でもトップレベル。小田急など他の路線も合わせると、1日でおよそ350万人にも上ります。コロナ禍においてはリスクが高く、リスクを抑えるためにも、ブロックチェーンを使った安全で安心なリモート環境の整備は急務かもしれません。

なお、ソニーからPC事業を継承して生まれたVAIO株式会社は、ブロックチェーンを活用したIoTビジネスを展開するジャスミー株式会社と協業し、ブロックチェーン技術を応用した「IoT事業」の創造を2018年に発表しています。もしかすると、ブロックチェーンを搭載したPCが誕生するかもしれません。

これからおススメのビジネスは フィンテック産業だ！

対して、これからの仕事はどうなるでしょうか。

先ほど述べたように、場所にとらわれることは少なくなり、安全で快適な暮らしが実現するかもしれません。**AIが人の仕事の多くを担うようになれば、働いて稼ぐという概念すら変わる可能性があります**。

例えば、一昔前は会社に属したり、自分で事業を立ち上げ、モノやサービスを売って稼ぐというのが、ビジネスの在り方でした。

ところがいまは、「ユーチューブ（YouTube）」などのSNSで月に数百万～数千万円を稼ぐ人たちが登場しています。多くのフォロワーを抱えるインフルエンサーにはスポンサーが付き、彼らの活動自体に付加価値が伴うようになったのです。かつては、芸能人がするような仕事を、いまでは一般人がするようになりました。

かつて、若手経営者が飲むと言えば銀座や六本木がメジャーでしたが、いまはSNSで女性を呼んで謝礼を渡す「ギャラ飲み」も珍しくありません。

彼らからすると、わざわざ高い場所に行ってお金を払う必要はなく、こうした変化は夜の街を変えるかもしれません。もし、こういったビジネスにブロックチェーンを使うと、誰がどこの飲み会に行っているか管理することができ、犯罪の防止にも役立つでしょう。

はっきりしているのは、**これからの社会にブロックチェーンはますます入り込んでいき、私たちの生活を変えることです**。

本章では多くの事例を挙げましたが、「○○社がブロックチェーンを導入・活用」

といったニュースも、さらに増えていくことでしょう。そう考えると、ブロックチェーンや、それを存分に活用したフィンテックの産業はこれからも伸びるでしょうし、有望な産業だと思います。かつて、インターネット黎明期《れいめいき》に孫正義はアメリカから米ヤフーを持ち帰り、ヤフー株式会社を上場させました。今後はインターネットの中身を進化させたり、サービスを向上させるビジネスが脚光を浴びるのかもしれません。

また、ブロックチェーンを理解し、その技術やフィンテックをうまく使うと、個人でも稼ぐことができる時代は、いまよりも現実味を帯びるでしょう。

第3章

フィンテックは今後どうなるのか？

フィンテックとは？

前章ではブロックチェーンを中心に、フィンテックに活用されている技術について話しました。続く本章では、私たちのお金を取り巻く環境を激変させるフィンテックのいまと未来について語ります。

冒頭でも触れましたが、フィンテックとは「Finance（金融）」と「Technology（技術）」を組み合わせた造語で、「ファイナンステクノロジー」とも呼ばれています。簡単にいえば、インターネットや人工知能、スマートフォンといった技術・デバイスと金融を組み合わせ、新たなサービス・商品を開発するのが目的です。

欧米や日本のような先進国だけではなく、金融サービスの普及が遅れている新興国でも注目されています。こうした国ではPCを持っていなかったり、銀行口座も持っていない国民が多いのですが、スマートフォンはかなり普及しています。よって、スマートフォンを入り口にフィンテックのサービスを使えるようになれば金融との距離が近くなり、国民の生活が向上するかもしれません。

そうした狙いのもと、**多くの投資家やスタートアップがフィンテックに参入しているのです**。

身近なところでいえば電子マネーやコード決済など、私たちもフィンテックの恩恵を十分に受けていますが、どのように誕生したのでしょうか。これには、2000年代以降のコンピュータの処理やインターネットの速度向上が深く関わっています。

例えば、いまや日常生活に欠かせないスマートフォン。手のひらサイズにも関わらず処理能力は、20年以上前のスーパーコンピュータの数十倍といいます。私の世代はガラケーとスマートフォンの両方を知っていますが、やはりスマートフォンの登場は衝撃的でした。アプリをダウンロードすれば機能がどんどん拡張され、ＰＣや専用機と同じレベルのゲームを楽しむことができます。いまの若い世代は社会人になるまでＰＣを触ったことがないと聞きますが、それも納得の話です。

コンピュータの処理能力が高くなると、いままでは大規模な設備投資が必要だった金融サービスに参入しやすくなり、ＡＩやセンサーなどの新技術を使った利便性の高いサービスを低コスト・高効率で提供できるようにもなります。

フィンテックで変わる私たちの生活

フィンテックを使い開発されたサービスは多岐にわたりますが、主にどうした分野で発展しているのでしょうか。ここからは主要5サービスを取り上げます。

サービス① キャッシュレス決済

古くはクレジットカード、2000年代に入りSuicaや楽天Edy、QUICPayなど電子マネーによるタッチ決済、ここ数年はPayPayなどで代表されるコード決済、昨年からは日本でもクレジットカードを専用端末にタッチして決済する「コンタクトレス」も徐々に普及し始めています。これらキャッシュレス決済は情報技術を活用し、現金なしで決済ができる、フィンテックを活用したサービスと言えるでしょう。現在は決済だけではなく、ユーザー間での送金・割り勘にも対応するサービスもあります。

サービス② 暗号資産

ビットコインなど、ブロックチェーンを使い電子的な手段で記録されている財産的な価値のこと。**円やドルといった法定通貨と異なり、国家による価値の保証はされていないのが特徴です**。

ビットコインが生まれたのは2009年ですからその歴史は浅く、その扱いについては各国で整備を進めているところです。

これまでに述べたように、暗号資産はインターネットを使いスピーディかつ安全な決済手段として開発されました。時間や場所の制約がなく、世界中で使うことができます。国境をまたいだ低コストな送金に使うことができるのも、大きな特徴です。

一方、決済手段として使われるケースはあるものの、暗号資産の取引を始めた人の多くは、FXなどのような金融取引が目的で、投資対象として使われることが多いようです。それゆえ、ビットコインをはじめとする暗号資産のボラティリティが大きく、決済手段として安定的に利用するのは、課題が残っています。ただし現在は、ドルや円といった法定通貨との交換比率を固定化して価格の安定化を目指す「ステーブルコイン」も登場しています。

また、中央銀行の管理下にない暗号資産は、国や地域の経済事情や地政学リスクの影響を受けにくいというメリットがあります。一方で、システム障害やハッキング被害があっても、それぞれの国・地域は価値を保証せず、こうしたトラブルが原因で価格が大きく変動することもあります。また、銀行や証券会社、保険会社、ＦＸ会社などは、経営が破綻しても顧客資産が守られる「分別管理」が徹底されているなど、消費者保護の仕組みが整備されています。対して暗号資産は、こうした面は途上の段階で、取引所などがハッキングを受けて経営が破綻したとしても、十分な補償が受けられないことがあります。

お金の形は何でもあり？

キャッシュレス決済や暗号資産のような、バーチャルな資産価値に対しては、懐疑的な目もあります。とりわけ日本人には現金主義者が多く、「形がないので信用できない」「ちゃんと管理できるか不安」などという理由で、目に見えないお金を敬遠する傾向にあるようです。

ただし、よく考えてください。大昔、人間は自分の欲しいものを手に入れるには物々交換が基本で、お金の概念はありませんでした。

その後、初めてお金の形として登場したのは貝殻や石、骨などの「自然貨幣」であり、そこから穀物や布といった「商品貨幣」と呼ばれる時代に移行することに。以降も、金属である金、銀、銅を貨幣として交易や商売をする「金属貨幣」の時代を経て、金《きん》と交換できる「兌換《だかん》紙幣」の時代、金とは交換できない現在私たちが使っている「不換紙幣」の時代を迎えました。

ここからわかるのは、お金は時代に即した便利な形として、石や貝殻、穀物、金属、いまのコインや紙幣までと、姿形を変えて発展してきたということ。つまり、お金の形は何でもありなのです。使いやすく便利ならば、価値が担保されるなら、何でも構わないということになります。そうした流れで電子マネーは言うまでもなく、暗号資産も誕生したのだと思います。

こと暗号資産に対しては、「中央銀行が管理していない。価値が担保できない」という声もあります。ところが、ビットコインのように持つ人が増え、それにより「信用」が担保されていくとどうでしょうか?

法定通貨は国による信用が価値の源泉ですが、暗号資産も世界中で利用者が増えると信用度は高まり、その価値も認められるでしょう。

むしろ、国や地域単位ではなく、**グローバルに信用力があるということは、世界通貨としての地位を確立するかもしれません。**

サービス③　投資／資産運用／ロボアドバイザー

ＡＩが投資家の属性や投資目的などの情報を解析し、商品選択やポートフォリオを自動化するロボアドバイザーは、フィンテックの代表的なサービスです。提案までを行ったり、実際の運用までを手掛けるものなど、種類も多岐にわたります。ロボアドバイザーを無料で提供する証券会社やＦＸ会社は、もう珍しくありません。「ウェルスナビ」や「ＴＨＥＯ（テオ）」などが国内では有名です。

銀行口座やクレジットカードなどと連携して情報を収集して家計簿をつけるなど、個人のお金の管理をサポートする「ＰＦＭ（個人財務管理）」も、便利なサービス。「マネーフォワード」などが有名です。

サービス④　クラウドファンディング／ソーシャルレンディング

一般的に投資と言えば、銀行や証券会社を通じて行うものでしたが、そうでない手段もフィンテックにより実現しています。その1つが、インターネット上で不特定多数から資金を募り、事業などの達成を図る「クラウドファンディング」です。投資家側は少なければ数千円から出資ができ、事業者側は事業資金を広く集められるというメリットがあります。

資金援助に対して物品などのリターンを求めない「寄付型」、リターンを求める「購入型」があり国内では「Makuake」や「CAMPFIRE」などが人気です。他にも、スタートアップに投資する「株式投資型クラウドファンディング」、不動産投資案件に出資する「不動産投資型クラウドファンディング」もあります。

資金を調達したい法人と資産運用がしたい個人投資家をオンラインでマッチングさせる「ソーシャルレンディング」は「融資型クラウドファンディング」と呼ばれる、発展形のサービスです。借り手の審査や投資家の募集は事業者が行い、利回りが高く運用の手間がかからないのが特徴といえます。この分野では、「SBIソーシャルレンディング」や「maneo（マネオ）」が有名どころでしょう。

フィンテックの功績は金融サービスのコモディティ化

先述のサービス③や④の事例ですが、こうしたビジネスは、これまでもありました。ようは、いままで人がしていたことをテクノロジーに置き換えただけです。

ですが、ここで重要なのは**既存サービスがフィンテックになることで劇的にコストが下がり、アクセシビリティがよくなることです**。その結果、いままでは富裕層が対象だった金融サービスがコモディティ化し、大衆層にも提供できるようになりました。

例えば、資産運用・管理のサービス。従来はプライベートバンクや信託銀行などで、資産1億円以上といった顧客が対象でした。こうした層が相手でないと、金融機関にうまみがなかったわけです。ところがロボアドバイザーは疲れを知らず、何人もサポートできますから、一般的な年収の人にもサービスが提供できます。

事業投資も同様です。いままでは資産家や富裕層、事業家がするものであり、一般層には無縁のことでした。ところが、クラウドファンディングがソーシャルレンディングを通じて、普通の人でも少額から投資ができるようになっています。これも、フィンテックの功績でしょう。

そう考えると、本章冒頭で述べたように、多くの投資家やスタートアップが新興国を目指すことにも意味があるとわかります。国内の金融サービスが未発達だからこそ、スマートフォンなど普段使っているデバイスからアクセスできるフィンテックのサービスは重宝するに違いありません。自国の政治・経済状況がよくないなら法定通貨でなく、暗号資産を持つ手もあります。

サービス⑤　金融情報

フィンテックを使い膨大な情報を収集・分析し、金融情報や物価指数などの情報を効率的に配信したり自社や他社の運営に活用できます。ビッグデータをもとに売上予測や消費動向を把握する情報などを提供する「NOWCAST（ナウキャスト）」や、経済ニュースプラットフォームの『NewsPicks』を運営し、業界分析などのサービスを手掛ける「SPEEDA（スピーダ）」が知られています。

他にも、人工知能を利用して業務を効率化したり、健康増進型の保険を販売、健康管理サービスと保険商品を結び付けるなど、保険業界でもフィンテックの活用はトレンド。勤務先や勤続年数、生活習慣などをスコア化し、それをもとに融資額が決まる「スコアレンディング」もフィンテックの活用事例です。財務や会計業務の負担を軽減する、法人向け財務・会計サービスも、伸びている分野です。

このように、フィンテックを使ったサービスは、さまざまな分野で展開されています。今後も、既存サービスをデジタル化するという流れで、より進んでいくに違いありません。

そこで大事なのは、こうした未知のサービスに対して知り、試してみることです。

これまでの常識なら、お金は銀行に預けて、証券会社などを通じて株や投資信託を買うというのが、資産運用の王道だったでしょう。

ところがいまは、ロボアドバイザーを使い専門的なサポートを受けることができ、かつては富裕層しかアクセスできなかったような投資案件にも関わることができます。暗号資産もしかりです。

フィンテックを理解することが、自身のお金の使い方・投じ方を多様化し、明るい未来につながっていくのだと、私は信じています。

拡大する市場規模と法整備。中央集権システムはどうなる？

グローバルにおけるフィンテックの市場規模は2014年くらいから急拡大を始め、2019年時点で1112億4050万ドル。2023年には1580億1430万ドルに達し、2030年には3253億1180万ドルに達すると予測されています。なかでも市場をけん引するのはアメリカと中国です。アメリカは2018年に前年比49％増の170億ドルを記録。中国にいたっては、前年比約9倍の255億ドルに達していて、アメリカを追い抜いています。イギリスも前年比50％増の39億ドルで、欧州各国もフィンテックには積極的です。

対して日本はどうでしょうか。残念ながら、2018年の投資額は5億4200万ドルで、急速に伸びているとはいえ、他国には及びません。

その背景としては、日本では銀行やクレジットカードといった高度な金融システムがすでにあり、フィンテックが入り込む余地があまりないこと。無料で銀行口座が開設でき、異なる金融機関にリアルタイムで送金もできます。また、現金に対する信頼が厚く、シニアを中心に「投資よりも貯蓄」と考える国民が多いのも、フィンテックのさらなる普及を妨げる要因なのかもしれません。

ただし、利便性の高さや将来性があることは周知の事実で、政府や日銀はフィンテックに関するフォーラムや有識者会議を定期的に開催し、官民共同で活用推進に取り組んでいます。

一方アメリカの場合、多くの国民が株や投資信託、保険などを通じて投資をしていて、ファイナンシャルプランナーをはじめとするお金の専門家も身近な存在です。だからこそ、手軽に使うことができるフィンテックへのニーズがあるのだと思います。

また、アメリカにはＧＡＦＡ（Google, Apple, Facebook, Amazon）といったテック企業があり、彼らはフィンテックをはじめとした最新テクノロジーの吸収に貪欲です。

法整備も各国で進められています。

アメリカやＥＵではＡＰＩを公開する取り組みや、暗号資産に対する税の扱いなどが明確化され始めています。

日本でも銀行以外の事業者が低額から高額まで、幅広く送金サービスを担えるように法改正をしたり、１つの登録で証券、保険など複数の商品を販売できる制度も整備されました。どれも、フィンテック企業の参入ハードルを下げるためのものだと考えられます。

暗号資産に対する規制を含めた法整備は、各国において急ピッチで進められています。

例えばアメリカは、州ごとで法律が違いますが、国としては販売所や取引所は登録制を採用し、仮想通貨の取引に関しては、概ね容認する方向です。

欧州ではＥＵの執行機関である欧州委員会が昨年９月に、包括的規制案「暗号資産市場に関する規制（ＭｉＣＡ）」を発表しました。そこには、すべての暗号資産発行事業体に対して、事業に関する詳細やトークン、または取引プラットフォームに関する情報を詳述したホワイトペーパーの提出や、ＥＵの規制当局による承認の取得を義務づけているようです。

他にも資本に対する要件（事業継続にあたり、一定水準以上の資本保有を要求する規則）や資産のカストディ（管理・保管）、問題が生じた場合に投資家が強制的に苦情申請を行える権利、発行者に対する投資家の権利に関する項目など、消費者保護を重視する規制案を含んでいます。

一方、北欧のスウェーデンは法定デジタル通貨の実証実験を始めたり、街中にもビットコイン用のＡＴＭが設置されているなど、各国で温度差も見え隠れします。それこそ、実店舗の決済にビットコインが使える国・地域もあり、暗号資産の保有に積極的な国もあるようです。

ロシアでは昨年7月にプーチン大統領が署名した「デジタル金融資産関連法（DFA）」により、2021年1月から暗号資産は決済用途で使えなくなりました。一方で、暗号資産の発行、購入、販売、登録は容認しています。現金と同等の価値は与えないという考えです。


アジアは国によって暗号資産の規制に対する姿勢に差が見られます。

韓国やタイ、台湾は基本的に容認していますが適宜規制はあり、韓国は一時、暗号資産の取引に厳しいスタンスでしたが、2019年に入り一部緩和され、交換・売買は問題ありません。

もっとも厳しいとされているのは中国です。同国では暗号資産の取引は全面的に禁止されています。ただし、実際は海外の取引所を使い個人間での取引はあるようです。同国では習近平国家主席がブロックチェーンを推し進める意向を示していて、国家規模でデジタル人民元の開発も行っています。ある意味、フィンテックのダークホース的存在かもしれません。

南米やアフリカなどの新興国では、国による規制はあまり見られません。そこまで状況に追い付いていないというのが実態でしょう。アフリカ諸国は政治や経済が安定していないことから自国通貨の値動きも激しく、本来であれば、こういった国にこそ安定して取引できるルールとして暗号資産が求められるはず。早期の法整備が望まれます。

そして日本ですが、個人で暗号資産を購入したり、売買することに対して、大きな規制はありません。他方、企業が独自の暗号資産を発行して資金を集める「ＩＣＯ(Initial Coin Offering)」に関しては、しっかりと取り組む事業者がいる反面、構想だけで実体がなかったり、詐欺まがい、悪徳な業者が関わる案件もあり、規制や管理を強めています。

２０１９年には資金決済法と金融商品取引法、金融商品販売法の改正法案が国会で成立しました。また、日本ではビットコインのように取引履歴が記録され誰もが閲覧できるものではなく、送金時の情報が暗号化され、その内容がわからない仕組みになる「匿名通貨」に関しても、新規発行や取引の規制対象になりつつあります。

暗号資産に対する税制度も各国でバラバラ

暗号資産に対する税制度も各国で異なります。

アメリカだと暗号資産は連邦税制上「資産」として扱われ、取引で生じた利益はキャピタルゲイン税の対象です。1年を超えて長期保有した場合には、税率軽減措置が適用されます。

一方、日本の国税庁に相当する米内国歳入庁（ＩＲＳ）が２０１９年５月、税務ソフトを提供する企業に対して、「暗号資産に関連する納税者の調査を支援するサービス」の職務内容を説明した文書を送付するなど、仮想通貨に対する課税を強化する姿勢を取っています。

さらに同年７月、ＩＲＳは暗号資産の取引で得た利益に対する税金を納めていない納税者へ1万通を超える督促状を送り、過少申告をしていた納税者にも、警告書を送付したと報道。2020年8月に公開された、2020年度の個人用確定申告書の草案では、すべての納税者に対して、暗号資産取引の有無について確認する項目が設けられ、適切な税務申告を促しています。

ルーマニアでは暗号資産取引に対して10%を課税、チェコ政府もデジタル課税法案を2019年に承認しました。スペインの国税庁は今年に入り暗号資産の監視を強化する意向を示し、市民や住民がビットコインやアルトコイン（ビットコイン以外の暗号資産）を海外拠点のプラットフォームに持っていたとしても、申告を強制すると言います。

そして、日本です。

国税庁は暗号資産により得られる収益を「雑所得」として扱うと定めていて、最高税率は住民税を合わせると55%。暗号資産を持っているだけでは課税対象になりませんが、売却して日本円に換金したり、ある暗号資産を使い別の暗号資産を購入した場合は、課税の対象になります。よって、課税対象になる売買をした際は、確定申告をしないといけません。

詳しくは次章で触れますが、2020年後半から21年にかけて、ビットコイン価格は大きく上昇しました。これにより億単位の資産を手にした「億り人（おくりびと）」も多数生まれたようです。私の周りでも、チラホラ耳にしています。

こうした方たちは、売却すると利益が確定して、所得に応じて税金を納めないといけません。あまりにも高い税率に躊躇《ちゅうちょ》している人もいますが、そのまま持っていて価格が下がると目も当てられません。周りからすると、少しうらやましい悩みを抱えているようです。

日本はフィンテックに対する意識が低い

各国で進められる暗号資産を含むフィンテックに対する法整備ですが、日本では実用化に対する意識が低いように感じます。中央集権のシステムが確立されているからこそ、新しいモノやサービスに対する拒否反応が見られます。

例えば、アメリカでは東部を拠点とする商業銀行の Blue Ridge 銀行が、ＡＴＭでビットコインを購入できるサービスを始めました。商業銀行がこうしたサービスを始めるのはアメリカ初です。

オランダのアムステルダムにはユーロをビットコインなどに交換できる専用ＡＴＭがあるなど、欧州では暗号資産専用のＡＴＭ設置は増えていますが、日本にはありません（以前はありましたが、2020年末時点ですべて撤去されています）。当然ながら、銀行に行って「ビットコインを買いたい」と言ったら、行員には嫌がられるに違いありません。それもそのはず、暗号資産が主流になると、銀行の崩壊は早まるだけですから。

ところが、暗号資産の実用化は海外ですでに始まっています。

例えば、社会主義国で知られる中南米のキューバ。2015年にアメリカと54年ぶりに国交を回復しましたが、その前までは人の渡航だけではなく、お金もモノも両国の間では交流することができませんでした。

ところが、アメリカにはキューバ系アメリカ人がたくさんいて、フロリダ州には「リトル・ハバナ」と呼ばれる街があるくらいです。そこで、アメリカへの亡命者が祖国へ海外送金するのに使ったのが、ビットコインでした。

東南アジアでは、ドバイなど中東に働きに出たり、船員などとして海外に出稼ぎに行くフィリピン人も同様です。彼らの送金市場は年間3兆～4兆円と言われていますが、いまでは銀行を使うのではなく、安くて速く確実に届くビットコインが重宝されるようになりました。

一方、中国では富裕層のビットコイン利用が目立ちます。同国では個人が海外に人民元を送金することができず、彼らは渡航する際は「銀聯《ぎんれん》カード（ユニオンペイ）」などのクレジットカードや、「WeChat ペイ」といったコード決済を財布代わりに持ち歩き、爆買いをしていました。

ところが、２０１６年から銀聯カードには規制が入り、それまでのように湯水のごとく決済に使うことはできなくなりました。そこで目を付けたのがビットコインだったのです。

このように、海外ではその利便性を理解し、バーチャルマネーをどんどん生活に取り入れています。残念ながら日本は周回遅れの状態です。

世界のトレンドはフィンテックの容認・推進に向かっていることは確かです。

このままでは、この分野でも日本はガラパゴス化する恐れがあります。

考えてもみてください。世界中の人がビットコインなどの暗号資産を使い、グローバルに決済や送金をしているのに、日本人だけが高いコストと時間をかけて円やドルといった法定通貨を扱っているとしたら、相手にされなくなります。単に利便性の話だけではなく、ビジネスの面でも不利益をこうむります。

中央集権システムを束ねる国や日銀などからすると、日々の暮らしを便利・快適にしたり、株や投資信託の購入を促すフィンテックの活用は、歓迎すべきことでしょう。ただし、暗号資産に関しては、一定の距離を置きたいのが本音だと思います。

ただし、彼らが存在を恐れるからこそ、暗号資産は既存の金融システムを壊し、新たに便利な仕組みを実現するものだとわかります。

今後は、中央集権型のサービスを壊し、ゼロから次代の金融システムを構築する、フィンテック革命が起こるはずです。

電話だってそうでした。固定電話が主流だった中から携帯電話が生まれ、便利になったおかげで利用者が増えています。いまでは、自宅に固定電話を置かない世帯もありますし、公衆電話は昭和の遺物扱いです。これに伴い、旧来の電話を扱う事業者は淘汰されました。ですが、大衆のトレンドが止まることはありません。

フィンテック革命で国家がなくなる？

２０１９年には、Facebook が主導して立ち上げたリブラ協会が開発するデジタル通貨「Libra（リブラ）」が世界を騒然とさせました。多くのメディアでも取り上げられたので、知っている方もいるでしょう。私もこれには驚きました。

これまでの経緯を振り返ると、２０１９年６月。Facebook がリブラに関するホワイトペーパーを発表したことに端を発します。この白書のサブタイトルには、「リブラはシンプルなグローバル通貨と金融インフラを実現し、数十億人の人々に力を与えることが使命」と書かれていて、「新興国を中心に銀行口座を持てなかった金融弱者を助けるために発行する」というのが、その目的とされていました。協会には当初、

Visa や Mastercard, eBay といったグローバル企業が名を連ねていて、その本気度にも驚かされたものです。具体的には、複数の法定通貨で構成したバスケットに裏付けられたステーブルコインの開発を目指していました。

ご存じの通り、Facebook はＧＡＦＡの一角であり、Facebook や Instagram といったＳＮＳの分野で独占的なプラットフォームビジネスを展開。世界中に膨大なユーザーを抱えていることで知られています。そんな同社が中心となりグローバルに流通するデジタル通貨を発行するというのですから、世界中が騒ぐのも当然のことでしょう。私自身、リブラの思想は素晴らしいと感じましたし、世界を変えるデジタル通貨の登場に胸が躍りました。

ところが、同構想は世界の金融当局や米議会からは歓迎されませんでした。それもそのはず、人間の長い歴史で、通貨は国家の管理のもと、中央銀行が独占的に発行するものとされてきました。それを一民間企業が担うというのですから、反発するのもうなずける話です。各国の議員などはリブラ構想を把握し、ある程度の規制・監督を実施の上、金融の安定性にリスクがないことを確認できるまで、開発を中止するよう求めました、要するに既得権益ｖｓリブラ陣営という対立構造が生まれたわけです。

例えば２０１９年10月、ワシントンＤＣで開催されたＧ20ではリブラをけん制してか、「デジタル通貨は一連の深刻なリスクを生じさせることになる」との強い懸念が示された合意書がまとめられ、当面は発行を認めない方針を確認しました。同月の米下院サービス委員会ではFacebookのマーク・ザッカーバーグＣＥＯが証人として呼ばれ、50人近い議員から厳しい言葉を浴びせられることに。同氏は「米当局が承認しない限り、リブラの発行を行うことはない」と明言しました。

結果、同協会に参加を表明していた多くの企業は規制上のリスクを理由に、同協会設立前にプロジェクトから脱退。11月に正式に設立されたリブラ協会はプロジェクトの範囲を縮小し、２０２０年４月に複数の法定通貨バスケットではなく、単一の法定通貨もしくは資産に裏付けられたステーブルコインを複数発行すると発表しました。

「よほどの圧力があったのだな」と思いましたし、リブラを阻む先進国のスクラムに対しては「利害が一致すると団結が早い」と、冷めた目で見てしまったことも事実です。

そんなリブラですが、昨年12月には名称を「Diem（ディエム：ラテン語でdayを意味する）」に変更すると発表。リブラ協会はドル連動型のステーブルコインを２０２１年に発行することを目指しています。

なぜ、世界各国当局は、これほどまでにリブラ構想を恐れたのでしょうか。それは、リブラが通貨としてよくできていて、既存の法定通貨や中央銀行の立場を低下させ、通貨発行権という国家最大の強みを奪うと見たからだと私は捉えています。おそらく発行していたら、あっという間に世界中に広まっていたでしょう。

あるいは、リブラ協会（Facebook）としても弱者救済は建前であり、本音としては既存の金融ネットワークを壊し、ブロックチェーンを活用したより効率的な送金・決済の仕組みを新たに構築したかったのかもしれません。

世界からお金が間もなく消える⁉

いずれにしても、こうしたエピソードからわかるのは、暗号資産、広く言えば**フィンテックには、世の中を変える力があるということです**。

そして、こうしたツールがあるとわかれば、**その潮流は止められない**と思います。というのも、現在流通しているお金には、多くのデメリットがあるからです。

その1つが、マネーロンダリングやアンダーグラウンドマネーへの転用です。

例えば、シンガポールは2014年10月から1万シンガポールドル紙幣の発行を中止。2016年5月には欧州中央銀行が2018年末をめどに500ユーロ札を廃止すると発表しました。2016年11月にはインドも高額紙幣の廃止を決めています。

高額紙幣は少ない枚数で多額の金額になるので持ち運びに便利で、闇取引によく使われます。なくすことでブラックマーケットの規模縮小、偽札犯罪の防止などの効果が期待できます。

また、コインや紙幣を作ったり輸送するにはコストがかかります。なんと、1円玉を製造するには3円もかかるのです。大量のお金が流通すると銀行などでの処理、企業や店舗などでの管理に手間がかかり、強盗のリスクもあります。

じつのところ、現実のお金は非効率な存在なのです。これらがデジタル化するだけでも、かなりの手間やコストが削減できます。それに、ブロックチェーンを使い取引記録を管理すれば不正を防ぐことができ、個人や企業のお金のやり取りは透明化し、納税も適正化されるでしょう。

日本では2024年度上半期に、1000円、5000円、1万円の紙幣が20年ぶりに刷新される予定です。新紙幣の表の図面は1万円札が渋沢栄一、5000円札が津田梅子、1000円札が北里柴三郎で、それぞれに世界初となる偽造防止術を採用すると言います。

20年ぶりの刷新ですから楽しみと言えばそうですが、いまや世界のトレンドはデジタル通貨です。もしかすると、最後の紙幣になるのでは？　と思っています。

この世の中から現物としてのお金が無くなれば、大きな財布を持つ必要はなくなり、紛失や盗難からも解放されます。

スマートフォンやICカードのタッチで支払いは終わり、送金だってすぐにできます。

お金を保有するリスクは、かなり抑えられるでしょう。私はそんな世界を思い描いています。

フィンテックの今後

いまでは本や日用品を注文すると、早ければその日のうち、遅くても翌日には届くようになった、インターネットショッピング。

すっかり当たり前になりましたが、サービスが始まった20年以上前はなかなか商品が届かず、届いても箱を開けると注文と違ったモノが入っていることも珍しくありませんでした。それを見て、「やっぱりネットはあてにならない」「買い物は実物に限る」と言っていたのが、だんだんサービスは改善し、法律や規制も整備されることで、安心で使いやすくなっていきました。

フィンテックもそれは同じです。

いまはロボアドバイザーの精度がいまいちだったり、求めている金融情報が届かないかもしれません。暗号資産も過渡期だからこそ、いまいち信用できない人もいるでしょう。

ところが、**社会に浸透すればするほど改善が促され、より素晴らしいサービスになっていきます**。それに伴い法整備もさらに進み、もっと日常生活に馴染んでいくことでしょう。そんな日は遠くありません。

詳しくは次章で述べますが、いまは中国などが政府主導の中央銀行デジタル通貨（ＣＢＤＣ）の開発も進めていて、他国もこれに追随する構えです。そうすると、近い未来に国が発行する暗号資産が生まれるわけです。

ただし、ＣＢＤＣはあくまでも法定通貨のデジタル化であり、中央集権の管理下にあることに変わりません。そういう意味では、世界を変えるようなフィンテックにはならないでしょう。

むしろ、ＣＢＤＣを通じてデジタル通貨に対するハードルが下がれば、ビットコインのようなグローバルに流通する暗号資産に対する理解が深まり、それこそ世界規模で実用化が進むでしょう。これこそ、フィンテックが目指すべき姿です。

そこで次章では、新たな世界のカギを握る暗号資産の未来について、私の考えをお伝えします。

第4章
暗号資産の未来

再び起きたビットコインバブル

本章では、フィンテックを使った最大のサービスである、暗号資産のいまと未来について考えます。

まずお伝えするのは、２０２０年から21年にかけて起きた、ビットコインバブルについてです。

いまから5年前、ビットコイン価格は10万円もしないで、最安値だと１ＢＴＣ（ビットコイン）が5万円を割っていました。

ただし、徐々に知名度が上がる中、保有する人は増えていき、２０１７年12月には２００万円を超える、最初のバブル期を迎えました。当時はさまざまなメディアがビットコインについて取り上げ、「自分も買った」と公表する芸能人もいたほどです。

ところが翌年に入ると価格は暴落に転じます。1月には約1週間で36％ほど価格が下がり、年間を通じてダウントレンドを形成することに……。12月には40万円を割りました。過去の暴騰による利益確定の動きや、韓国で暗号資産交換業者を全面的に禁止するとの発表があったことも影響したと言われています（その後、韓国政府は情報が間違いだと訂正）。

こうした動きの中、億り人が生まれたり、暴落に巻きこまれて大損をする人など、悲喜こもごもの声が聞こえていました。

その後も、いくつか上昇～下落の局面がありましたが、再び大きく話題になり始めたのは、去年のこと。２０２０年３月に68万円台で底を打ったかと思うと以降は上昇に転じ、12月には２００万円を突破、勢いを持ったまま年を越し、２０２１年４月には一時期７００万円に迫りました。もちろん、これは現時点における過去最高値です（21年４月末現在）。

高騰劇の背景には、個人投資家の需要も絡んでいますが、さらに大きかったのは企業や機関投資家の参入増加でした。

例えば2020年9月、ナスダック上場企業の「マイクロストラテジー」は、4億2500万ドル相当のビットコインに投資していると発表。その後、決済大手の「スクエア」も日本円で50億円相当のビットコインに投資している旨を公表しています。10月には機関投資家によるシカゴ・マーカンタイル取引所に上場しているビットコイン先物のロングポジション（買い持ち）は、過去最高を記録しました。

これでは終わりません。2020年12月には、「マサチューセッツ・ミューチュアル生命保険」が1億ドルのビットコインを購入したと発表。169年もの歴史を持つ保険会社が、顧客が払った保険料をビットコインで運用するということで、賛否両論を巻き起こしました。

また、機関投資家などに暗号資産のデリバティブ商品を提供している、米暗号資産運用会社の「グレイスケール・インベストメンツ」は、2020年10～12月期で運用資産残高が33億ドル増えたことも明らかにしています。

今年になり大きく取り上げられたのが、「米テスラ」CEOのイーロン・マスク氏が、15億ドル分のビットコインを購入したというニュースでした。

なお、同社のEV（電気自動車）の支払い手段として受け入れることも明らかにしていて、これが600万円オーバーの引き金になったと言われています。

なぜ、こうした大口の投資が増えたのか。

おそらく、コロナ禍以降にFRB（米連邦準備制度理事会：日本の日銀に相当するアメリカ中央銀行制度の最高意思決定機関）は大規模な国債購入に踏み切り、政府も追加の経済刺激策を打ち出しました。政策金利も引き下げ市場への資金供給を実施しましたが、これがドル下落の危険性をあおった結果、機関投資家や個人投資家のビットコイン投資につながったのです。

ここからわかるのは、ビットコインは「価格変動が激しいハイリスクなもの」「投資（投機）対象として持ち、キャピタルゲインを狙う」といった面だけではなく、**「法定通貨下落時のリスクオフ（リスク回避）通貨」という役割も持ち始めたことです**。

第1章で述べたように、法定通貨はさまざまな要因で価値が上下します。ところが、ビットコインは国の管理下にありませんから、場合によっては安全な投資先になるのです。

短期的な値動きで言うと、その後ビットコイン価格は急落し、4月下旬は、600万円前後で推移しています。おそらく、利益確定の売りが大量に入ったと考えられます。

このように、乱高下を繰り返すのもビットコインの特徴で、数年おきにバブルも起きています。

そう考えると、下落時に「安くなった」と考え保有に走る機関・個人投資家はいるでしょうし、さらに下がったところで次のバブルを見越して安値買いをもくろむ投資家もいることでしょう。

ただしわかっているのは、多くの人がビットコインの有用性に気づいたことです。今後も価格は上下しますから、その波に乗り遅れないことです。

ビットコインは現代のゴールド

ビットコインが法定通貨の逃避先に使われ始めたと述べましたが、そう聞くと、ある資産を思い浮かべる人がいるかもしれません。そう「金（ゴールド）」です。

金は現物資産の代表格であり、「有事の金」といわれるように、国際情勢の変化や災害時の資産逃避先として使われる傾向があります。ゴールドバーや金貨、純金積み立てなどの手段で手軽に始められる投資先としても知られています。

そんな金価格ですが、昨年のコロナ禍でも大きく上昇しました。景気の悪化懸念に対して、世界中の資産が金に流れた結果です。

そして、こうした金チャートと似た動きをしたのが、同じく通貨下落の逃避先として使われた、ビットコインです。両者のチャートを見比べると、みなさんも納得するに違いありません。

なんと、2020年9月には、ビットコインと金価格の相関性を示す数値が、過去最高を記録しています。

これにより、**ビットコインは価値の保存先として問題なく、安全資産であることが正当化された**ように考えることができます。

私は、国に管理されないビットコインにはこうした役割があると前から思っていて、セミナーなどでも「ビットコインは必ずゴールドのようになります。いまのうちから持っておきましょう」と主張してきました。やっと、この説が実証されたわけです。

昨年くらいからはセミナーの参加者から、「あのとき買っておいてよかったです！」「ありがとうございます」といったお礼のメッセージが頻繁に届いています。

また、金は世界中で流通する量が決まっていて、金利はつきません。世界共通の価値があり、その価値は永遠。これも、ビットコインと共通する点です。

こうした両者の特性が、有事の際の資金の逃避先といった使われ方でも共通するようになったのだと思います。

ＥＴＦ化でさらなる爆上げも⁉

かつて、金は現物にしか投資できず、限られた人たちしか保有していませんでした。ところが、２００４年に金ＥＴＦが登場したことにより、１９９０年代からほぼ横ばいだった価格が上昇し、４倍近くまでになりました。

ＥＴＦは「上場投資信託」のことで、株式と同じように証券市場でリアルタイムに売買できるのが特徴です。ようは、取引の間口が広がることで金に投資する人が増え、価格の上昇を招いたということです。

そして、私はビットコインもＥＴＦ化すると睨《にら》んでいて、金ＥＴＦと同じような現象が起きると考えています。２０１７年あたりから米国や欧州ではビットコインＥＴ

Fの話は何度も起きて、当局が承認しないで実現しないという状況が続いてきました。

ところが2020年2月、カナダのトロント証券取引所に、「BTCC」と「Evolve ETF（EBIT）」の2本のビットコインETFが上場され、初日の取引は1億ドルを超えるほどの盛況ぶりだったといいます。同取引所は1990年に「TIPS35」というETFを世界初で上場させた歴史があり、今回もそういった姿勢を示したようです。

今後、ビットコインに興味はあるものの、暗号資産交換所にアカウントを作るのは面倒という人や、ビットコイン投資は社内ルールなどでできないけどETFなら問題ないといった機関投資家が、こうした金融商品を買っていくかもしれません。

ちなみに、カナダの資産運用大手の「CIフィナンシャル」は、子会社を通じて暗号資産の「イーサリアム」のETFも計画していて、これが承認されると世界初のイーサリアムETFが生まれ、カナダ市場では合計3本の暗号資産ETFが取引できるようになります。

いずれにしても、**ETFが加わることでビットコイン投資の層は広がり、価格上昇の圧力になるはずです**。

今後は米国や欧州、日本市場が追随するか注目したいところです。

いまさら聞けない、ビットコインのイロハ

本書ではこれまで、ブロックチェーンやそれを活用した暗号資産について解説してきました。そのなかでもっとも有名なのがビットコインですが、なかには、どういったものか詳しく知らない読者もいることでしょう。ここで解説します。

先述したように、ビットコインはサトシ・ナカモトを名乗る人物がインターネット上に投稿した論文から２００９年に生まれた、世界初の暗号資産です。法定通貨と大きく異なるのは、実体のないバーチャル通貨であり、あくまでも電子データに過ぎません。基本的には、「ウォレット」と呼ばれるバーチャル財布のアプリをスマホやＰＣにダウンロードして使うことになります。

法定通貨と違い、特定の国や中央銀行のような組織が発行・管理するわけではなく、国によるコントロールも受けません。その国に受け入れの仕組みがあれば、世界中で両替することなく使うことができます。それゆえ、ビットコインをはじめとする暗号資産は「国際通貨」とも呼ばれます。同じデジタル通貨でも、電子マネーは法定通貨をデジタル化したもので、それぞれの国の中でしか使うことはできません。

中央銀行が存在しないビットコインは、**ネットワークの参加者たちが、民主的に運用している**のも特徴です。

基本的に取引記録は、世界中に分散している膨大な数のPCやスマホ、タブレットなどのデバイスにより共有されていて、ネットワークにつながれたコンピュータが取引の正しさを承認するため、世界中で稼働しています。この承認作業が「マイニング」と呼ばれ、その報酬として新規のビットコインが付与されるわけです。

ビットコインは誕生した時点で、発行枚数が2100万枚に定められています。これ以上、発行されることはありません。これにより、ビットコインが市場で余りだし、価値を下げることを防ぐのです。

対して法定通貨は、中央銀行の金融政策により通貨の流通量を増減させることができ、景気動向をある程度はコントロールできます。

ただし、必要以上を流通させると通貨の価値は下がり、インフレを招く恐れがあります。コロナ禍の状況が、まさにこれに当たります。

ビットコインを使う目的は大きく3つ

こうした特性を持つビットコインですが、何に使えばよいでしょうか。それは大きく3つあります。

ビットコインの使い道① 投資

現状、もっとも多いビットコインの使い道は、投資目的の売買です。

ビットコインは株や為替と同じように、売ったり買ったりできます。その際は、売りたい人と買いたい人がマッチすれば取引が成立する「相対取引」を採用していますが、そのための場所がビットコインをはじめとする暗号資産を取引することができる「暗号資産取引所」です。言い方を変えると、取引所に口座を開く（アカウントを持つ）ことで、売買や送金に使うことができる、「ウォレット」を持つことができるのです。

暗号資産取引所は売買を仲介するだけで、価格を決定するのは、あくまでもマーケットの参加者たちです。

実際には、他の人たちが売買している現在の取引レートがリアルタイムで表示され、それに沿った価格で売買することになります。よって、下がったときに買い、上がった時点で売却すると差益が発生しますし、その逆だと差損が生まれます。このあたりの仕組みはＦＸとほぼ変わりません。

また、ビットコイン投資でも、口座に預けた資金を「証拠金」として使い、その何倍かの資金を借り入れて取引をする、「レバレッジ取引」が可能です。ただし、レバレッジ取引は資金を効率的に使える一方で、保有する方向と反対に価格が動くと、一気に含み損が拡大します。損切りなどのルールを徹底できる人ならいいですが、そうでない人には向いた手法ではありません。

なお、先にも少し触れましたが、近年は為替リスクの回避先という使われ方もするようになりました。さらにさかのぼると、２０１５年６月のギリシア危機のときも、ビットコインは大きく買われています。

通貨は国の信用で成り立っていますが、その肝心の国がデフォルトしそうだということで、特定の国が関与しない暗号資産が注目されたのでしょう。いままでは、「有事の金」「有事のドルや円」といった実物資産や比較的安全資産とされる通貨が買われましたが、そういった状況に変化が訪れた格好です。

古くはリーマンショック、さらにはチャイナショックなど、金融市場には何年かに一度、世界規模のトラブルが発生しています。

これを経験し、既存の金融システムの信用力は低下し、生まれたばかりでリスクはありますが、保有資産のうちいくらかは暗号資産に代えてリスクヘッジしようという人が増えたのです。こうした考えが、ビットコイン市場への資金流入を誘い、投資の側面を強調させてきたのだと思います。

ビットコインの使い道② 送金

インターネット環境さえあれば、ビットコインは1日24時間365日、どんな国にいる相手にも送ることができます。従来の銀行を使った海外送金に比べると着金までの時間が圧倒的に早く、手数料が安いのもメリットです。

海外で出稼ぎをしている人が、母国で暮らす家族に送金するのに、非常に重宝されています。

ビットコインの使い道③ 決済

海外に出かける際は、渡航先に通貨をある程度は用意しておかないと、不便なこともありそうです。その場合は、日本の銀行や現地の空港などで円からドルというように両替をしますが、国内銀行なら1ドルあたり数円の手数料がかかり、なかなかのコスト負担になります。

ところがビットコインに両替は必要ありません。旅行先の飲食店などでビットコインの決済に対応しているなら、スマホなどを使い支払いをすることができ、その際の決済手数料も低水準であることが、ほとんどです。

また、リアルの店舗だけではなく、ビットコイン決済に対応するＥＣサイトも近年は増えつつあります。

ビットコイン価格はどのように決まるのか？

ビットコイン価格はつねに変動しています。だからこそ投資対象にも使われるのですが、価格はどのように決まるのでしょうか。

まず考えられるのは、需給のバランスです。

ビットコインを買いたい人が多ければ多いほど取引価格は上昇しますし、反対であれば価格は下がります。これは、外国為替や株式とあまり変わりません。

昨今のような、有事のビットコイン買いも、価格決定要因です。国の財政が悪化してデフォルトの危機が高まると現地通貨の価格が暴落し、自分の資産を守りたい人が暗号資産へお金を避難させます。そして、一度こういったことが起きると、また同じような事態が起きると価格が上昇すると思い、値動きに影響を与えます。

世界中で使えるとはいえ、各国で暗号資産に対するスタンスやルールは異なり、それが価格に影響を及ぼすこともあります。

例えば2013年。当時のFRB議長であるバーナンキ氏が、それまで非公式だったビットコインを容認する発言をしたことで、ビットコイン価格は急騰しました。ところが翌年、中国の金融機関がビットコインの使用を禁じたというニュースが流れるや否や、価格は急落に転じています。

なお、翌年に中国銀行がビットコイン取引所を閉鎖したときも、同様の値動きが起きました。中国は人口が多く、マイナーもたくさんいることから、同国の姿勢が価格に与えるインパクトは、どうしても大きくなります。

一方、取引所がハッキングされるなどのトラブルがあると、価格は暴落に転じます。

2014年に起きたマウントゴックス事件のように、取引所がハッキングされたというニュースも悪材料として捉えられます。この事件では同社のサーバがハッキングされ、ユーザー保有分と自社保有分の約470億円分のビットコインと預かり金が大量流出し、同社は経営破綻しました。

4年に1度訪れる半減期も忘れてはいけません。

先述したように、ビットコインの承認作業に対する報酬は、夏季オリンピックと同じ年に半分になる仕組みです。

なぜかというと、ビットコインには発行枚数の上限があり、流通量を抑えることで価値の下落をさけたいとの思惑があります。また、コンピュータの処理能力は年を追うごとに良くなり、マイニングにかかるコストが減っていくと考えられるからです。

需要は変わらないのに半減期により供給量が下がると価格は上昇すると考え、ビットコインを買う人は増えるかもしれません。

以上のように、**ビットコイン価格は、法定通貨とは異なる要因で変動します**。こうした情報にも注意しながら、取引を進めましょう。

ビットコインを手に入れる方法は？

ここまでの話をまとめると、ビットコインにはさまざまな使い道があり、とりわけ投資対象として、まだまだ魅力があるということがわかりました。「持ちたい」と思う人もいるでしょう。

その際は、暗号資産取引所に口座を開くのが、もっとも手っ取り早い手段です。日本の場合は、０・０１ＢＴＣから買うことができる取引所が多いようです。

他の人からビットコインを送金してもらう手もあります。スマホなどにアプリを入れていくと、簡単に受け渡しができます。

もう１つの方法は、新しいビットコインを掘り当てる「マイニング」です。大きく

3つの方法があります。

マイニングの方法① ソロマイニング

自分でコンピュータを準備して参加する方法です。1人で始めるので、マイニングで得られる報酬が大きくなるのがメリットですが、成功しないと報酬をまったく得られず、機材を自分で用意しないといけません。コンピュータに関する知識も求められます。

マイニングの方法② プールマイニング

複数のマイナーが協力して参加する方法です。成功報酬は管理者が受け取り、参加したマイナーの仕事量に応じて分配します。複数人がいることで計算力が大きくなり、安定したマイニング報酬を得やすくなります。ただし、ソロマイニングのように報酬を独り占めできません。参加するのに手数料が必要な場合もあります。

マイニングの方法③　クラウドマイニング

マイナー企業（マイニングをする企業）にマイニングをしてもらう方法です。マイナー企業に出資して報酬を得たり、マシンをレンタルして成功報酬を受け取るなど、パターンはいくつかあります。初期費用や手数料なども事業者によって異なります。

他のマイニングのように機材を準備する必要がなく、専門的な知識も不要ですが、初期費用がかかり、マイナー企業の倒産や資金の持ち逃げなどの信用リスクが伴います。

このように、マイニングの方法は分かれます。ビットコイン創成期は個人のパソコンで参加できましたが、いまは承認作業が高度化し、膨大なマンパワーと電力が必要になり、一個人が参加するのは難しいようです。

取引所を通じて、すでに市場に出回っているのを買うのが、ビットコインを手にする近道です。

アルトコインの誕生

ビットコインから始まった暗号資産の市場ですが、いまでは多様化も進み、ビットコイン以外の「アルトコイン」も増えました。

その結果、暗号資産全体の時価総額は２０２１年4月に2兆ドル（約２１７兆円）を突破し、その数は全世界で５０００種類にも上ると言われます。ただし、国や取引所ごとに取引できる暗号資産は異なり、日本だと10種類前後です。

なお、２０２１年5月下旬時点の時価総額ランキングは次ページの通りです

1位のビットコインは言わずもがな、暗号資産の代表格。すでに述べた通りです。

仮想通貨時価総額

（CoinMarketCap 2021 年 5 月 24 日 19:06 現在）

1 位	Bitcoin（BTC）	73,907,646,881,625 円
2 位	Ethereum（ETH）	28,247,490,444,855 円
3 位	Tether（USDT）	6,512,490,523,078 円
4 位	Cardano（ADA）	5,008,041,224,809 円
5 位	Binance Coin（BNB）	4,809,403,826,303 円
6 位	Dogecoin（DOGE）	4,455,135,501,071 円
7 位	XRP（XRP）	4,218,897,569,953 円
8 位	USD Coin（USDC）	2,244,917,967,162 円
9 位	Internet Computer（ICP）	2,021,249,666,473 円
10 位	Polkadot（DOT）	1,972,072,823,343 円

2位の「イーサリアム」はＩＣＯなどに活用される暗号資産として登場し、取引の際の契約内容をブロックチェーンで管理する「スマートコントラクト」を採用しているのが特徴です。日本国内でもメジャーな暗号資産です。

3位の「テザー」は、価値を安定させるため、ドルと同じ価値を持つことを目的としています。

このように、異なる特徴や使われ方をする暗号資産がたくさんありますが、時価総額で言うとビットコインが圧倒的に多く、上位10通貨の時価総額を合わせると、全体の8割を占めます。

時価総額はさておき、ビットコインだけではなく多様なアルトコインへ進化を遂げた暗号資産ですが、アルトコインの中にも、いくつかパターンがあります。

例えば、ビットコインのプログラムはインターネット上に公開されているので、ブロックの大きさなどいくつかの要素を変えると、新しい暗号資産を作ることができます。イーサリアムなどがこれに該当します。

ブロックチェーンの仕様を変更する「ハードフォーク」を経て誕生したアルトコインも数多くあります。

ビットコインの場合であれば、2017年にハードフォークで生まれたのが「ビットコインキャッシュ」で、その後も「ビットコインゴールド」「ビットコインダイヤモンド」といった、いくつもの亜流が枝分かれするような流れで誕生しました。

コインの機能を高めることが目的でハードフォークをする場合もあれば、開発チームがマイニングや取引所への上場（取引所で取引できるようになること）で稼ぎたいなどが目的の場合もあるようです。

取引量や時価総額が小さく、市場であまり存在感がない暗号資産は、「草コイン」と呼ばれます。暗号資産取引所などにも上場していないので知名度は低く、1単位の価格が数円、下手をすると1円以下といった、ほぼ無価値のコインもあります。

アルトコインはビットコインに比べると価格が安く、入手しやすいのがメリットです。例えば、2021年4月時点なら、ビットコインが最高値690万円台なのに対して、イーサリアムは30万円弱、ビットコインキャッシュは約10万円です。スマートコントラクトを備えるイーサリアム、決済完了までの時間が短い「リップル」など、ビットコインにない特徴を備えた暗号資産もあります。

一方、ビットコインに比べると取引量が少ないのでボラティリティが高くなりがちなのは、アルトコイン共通のリスクです。

また、暗号資産は技術と知識があれば誰でも作れるので、詐欺などに悪用される恐れも。顧客保護の観点から、取引できる種類は限られます。

ステーブルコインの誕生

暗号資産の発展は、まだ終わりません。次に登場したのが、安定した価格を実現するように設計された「ステーブルコイン」です。

ビットコインをはじめ従来の暗号資産は価格の変動が大きく、投資目的ならそれは醍醐味になっても、モノやサービスの決済に使うには向いていません。考えてもみてください。1日に5~10%も価格が変わる通貨を、安心して持つことは難しいでしょう。決済に用いられるには、価格を安定させる必要があり、そこで登場したのがステーブルコインでした。

「ステーブル」とは「安定した」という意味で、特定の通貨と交換比率が一定になるように、自動的に調整されるのが特徴で、いまでは「テザー」や「USDコイン」「サイ（SAI）」など、いくつものステーブルコインが現れています。

ただし、価格を安定させる方法はコインごとで異なり、大きく3つの類型があります。

ステーブルコインの類型① 法定通貨担保型

ドルやユーロといった、各国の法定通貨を担保にしたもので、法定通貨との交換比率を固定化することで、価格の安定化を目指します。例えばテザーであれば、ほぼ1ドルになるよう調整されています。

ステーブルコインの価値が保証されるのは、コインの発行元が発行枚数と同じ量の法定通貨を保有して、信用力を担保しているからです。ペッグ先はドルが圧倒的に多いのですが、ユーロや円、人民元などに連動するなど種類は増えていて、金や原油の値動きと連動するステーブルコインもあります。

ステーブルコインの類型② 暗号資産担保型

法定通貨ではなく、暗号資産を担保にして、その暗号資産の値動きに価値が連動するステーブルコインです。中央機関に依存しないので、非中央主権的な暗号資産の特徴を保つことができるのがメリットでしょう。裏付け資産の暗号資産をブロックチェーン上で管理するので、「オン・チェーン型」とも呼ばれます。

ただし、価格が不安定な暗号資産を担保にするので、担保とする暗号資産の量を増やすなど、利用するユーザーは多くの資産が必要になります。

ステーブルコインの類型③ 無担保型

法定通貨や暗号資産などを担保にしないで、通貨の供給量を調整することで価値を一定に保つことを目指すコインです。あらかじめ設定されたアルゴリズムに従い、価格が高騰するとコインを追加発行して全体の供給量を増やして価格を押し下げ、反対の場合はコインを市場から購入して全体の供給量を減らし、価格を押し上げます。

では、法定通貨などと連動するのであれば、あえて持つメリットはあるのでしょうか。実際のところ、決済で使われることはほぼなく、ステーブルコインを採用する店舗なども見られません。

ただし、暗号資産のトレードでは使い道があります。

例えば、保有するビットコインの価格が上昇して含み益が生まれた場合。そのまま持っていると価格が急落して、含み益がなくなる可能性があります。こうした場合に、ステーブルコインにしておくと、ドルなどペッグした通貨で一定の価値をキープすることができます。「現金にすればよいのでは?」という声もありますが、換金には時間と手数料がかかり、課税の問題もあります。それよりは、同じ暗号資産にしておくほうが、投資家にとっては安心です。

発行元は裏付け資産を確保しないといけない、需給をコントロールするアルゴリズムの開発など、まだ課題は残っていますが、有益な暗号資産と捉えることができます。

消えていく暗号資産

このように、多様化をたどった結果、膨大な種類にまで増えた暗号資産ですが、今後はどうなるでしょうか。

私は活用性や実用性のないコインは淘汰され、市場から消えていくと考えています。流動性が低かったり、プロジェクトの進展が見られないと信用力が低下し、誰も見向きしなくなるでしょう。先行者のビットコイン、スマートコントラクトという高い機能と知名度のあるイーサリアムなどはともかく、生き残るコインは10種類くらいに収れんしていくと思います。

生き残るかどうかのポイントは「量子コンピュータ」も深く関係しています。

量子コンピュータとは、量子力学を計算過程に用いることで、現在のコンピュータに比べて圧倒的な処理能力を持つとされる、次世代のコンピュータです。

世界でさまざまな企業や研究機関が開発を進めていますが、そこで注目されているのが、カナダで創業した量子コンピュータメーカーの「D-Wave System」です。

同社では量子コンピュータの「D-Wave」シリーズを手掛けていて、米航空宇宙局（NASA）とGoogleは同マシンの発売を受け、２０１３年5月に量子人工知能研究所を設立。D-Wave Systemsの量子ビットを１１５２個搭載した「D-Wave 2X」を導入して性能実験などを繰り返してきたところ、その処理スピードは現在のコンピュータの最大1億倍も速かったといいます。

米航空機メーカーのロッキード・マーティンも「D-Wave」をNASAやGoogleに先駆けて購入し、南カリフォルニア大学（USC）の量子計算センターと共同で利用しています。

では、この量子コンピュータは何が問題かというと、ブロックチェーンのセキュリティなどを解読する可能性があるということです。

２０１９年10月にはGoogleの科学者が開発する量子コンピュータが、世界最高性能を誇るスーパーコンピュータの計算能力をしのぐ「量子超越性」を実証したことを発表し話題になりました。なんと、スーパーコンピュータが1万年かかる計算を、わずか２００秒で完了させたというのです。これにより、ブロックチェーンの安全性が脅かされるとして、一時的にビットコイン価格は急落したほどです。

暗号資産自体がテクノロジーの進化により生まれ、コンピュータのさらなる進化が仇《あだ》になるとは皮肉な話ですが、仮に実現すると暗号資産の信用は一気に失われ、使いたいと思う人はいなくなるかもしれません。これに対応するのがブロックチェーンと並びフィンテック業界の最大の課題であり、クリアできた暗号資産しか将来的に生き残れないでしょう。

将来に不安は残るものの、現時点で暗号資産が投資対象、決済手段の可能性を秘めていることは事実です。これからも、既存や新たに生まれた暗号資産に投資をして成功を収める人は、一定数いると思います。

私の場合、暗号資産の開発者からイーサリアムの開発と上場の予定を聞き、この暗号資産を購入し、彼に許可を取ったうえで日本のセミナーでも、その可能性について述べたことがあります。当時（2015年）はまだセミナーの参加者は少なく、ビットコインの話をしても興味を持つ人は少なく、「詐欺では？」と疑われることも珍しくなかったころです。

ところが、一部の人は関心を持ち、10万円や100万円分を購入したところ、6月の上場後の半年でチャートは90倍に。つまり、100万円投資した人は9000万円に資産を増やしたのです。その後もチャートは最高で480倍になったので、4億8000万円までになったケースもありました。

このように、**暗号資産の投資には人生を変えるチャンスがあります**。

もちろん、国の規制などでコインを取り巻く環境は変わり、価格にも影響を与えるのですが、法規制を経て社会での実装化が進めば、私たちにとっても**扱いやすく安全な通貨になります**。

こうしたプロセスをたどる中、正しい情報をキャッチして、うまく波に乗ってほしいと思います。私自身もセミナーなどを通して有益な情報を発信していきます。

中央銀行デジタル通貨はどういった存在になる？

ビットコインが生まれた２００９年から、アルトコイン、ステーブルコインという流れで発展・多様化してきた暗号資産ですが、さらなる発展形として「デジタル通貨」の開発も急がれています。

例えば、日米欧の大手銀行14行が共同で設立した「エフナリティ・インターナショナル」は、国際送金の即時決済を目的とする電子決済通貨「ＵＳＣ（ユーティリティ・セトルメント・コイン）」の開発を推進。日本からは三菱ＵＦＪ銀行や三井住友銀行が参加しています。

一方、米ＩＢＭも国際送金ネットワークの「ＢＷＷ（ブロックチェーン・ワールド・ワイヤー）」の構築を進めていて、ここでもデジタル通貨が活用されています。

さらに、米銀大手のＪＰモルガン・チェースは２０１９年に独自のデジタル通貨である「ＪＰＭコイン」の開発について発表するなど、各国の金融機関がデジタル通貨の開発を進めています。従来とは異なり、低コストでスピーディな決済や送金が国際間で実現すれば、暗号資産に対抗できるかもしれません。

さらに現在は、中国ならデジタル人民元など、中央銀行が主導してデジタル通貨を開発する「中央銀行デジタル通貨（ＣＢＤＣ：Central Bank Digital Currency）」のプロジェクトも各国で進行していて、カンボジアの国立銀行は日本企業と共同で開発したブロックチェーンベースの中央銀行デジタル通貨の「バコン」の正式運用を２０２０年10月から始めています。中国も実証実験を始めていて、遠くない将来に実用化する見通しです。

ＣＢＤＣは処理をデジタル化することで、お金の製造や流通、管理コストは削減され、ブロックチェーンを活用すると利用履歴が残り改ざんもできないため、マネーロンダリングや脱税、違法組織などへの送金も未然に防ぐことが可能です。国民としても銀行口座を持たずに各種決済サービスを使うことができ、現金の紛失・盗難リスクが低くなります。

一方で、法定通貨をデジタル化すると民間銀行の預金や資金仲介への影響は大きく、官民で議論を進めつつも、主要各国の中央銀行は慎重な姿勢を見せていて、日本銀行も現時点ではデジタル通貨を発行する計画はありません。

このように、暗号資産から発展する形で、法定通貨のデジタル化も検討されるようになったのが、現在の状況です。

投資の観点から言うと、ボラティリティが大きく、中央銀行の管理下にない暗号資産のほうがダイナミックな可能性を秘めていますが、**中央銀行がブロックチェーンを使い安全で新しい通貨の仕組みを整備すると、その派生である暗号資産に対する信用力も高まります**。

こうした点も踏まえ、私は暗号資産の未来は明るいと確信しています。

儲かっても90%以上が失っているという現実

昨年から今年にかけてのビットコイン価格のように、再び盛り上がりを見せた暗号資産市場。多くの億り人を生み出していることは事実で、暗号資産で人生が変わった人は、私の周りにいます。

一方で、このチャンスをモノにできなかった人も、同じようにたくさんいました。それは、**せっかく値上がりで得た利益を管理できなかったからです**。

例えば、売買でどれだけ含み益が出ても、そのまま放置していた結果価格は下がり、1000万円あった利益が800万円、600万円、気が付けば買った値段まで下がり、時間とリスクをかけて何の成果もなかったというケースも……。それならマシなほうで、せっかくあった利益を溶かしてしまったばかりかさらに値下がり、含み損を抱えた人もいました。「どうしましょうか?」と尋ねられても、私も返事に困ってしまいます。

なぜ、得た利益を確定しないのか。それは日本の税制も関係しています。

先述しましたが、暗号資産の取引で得た利益は課税対象になり、1年間(1月1日~12月31日)の取引で確定した利益は、総合課税の「雑所得(給与所得や事業所得など他の所得と合算する税額)」として確定申告をしないといけません。

なお、給与所得がある会社員が年末調整を行っている場合は、年間20万円までの利益(雑所得)であれば申告は不要です。

では、具体的にどういった取引をした場合に損益が発生し、確定申告をしないといけないのでしょうか。具体例を挙げましょう。

・暗号資産を売却して利益として法定通貨を受け取った
・ビットコインをイーサリアムに交換するなど暗号資産を交換した
・ＩＣＯで利益を得た　など

個人で投資をしている場合、暗号資産を購入して持っているだけでは損益は発生せず、課税対象にはなりません。それこそ、１億円の含み益があっても暗号資産を売却して円などにしない限り税金を納める必要がないのです。こうしたこともあり、先ほどのように持ったままで利益を食いつぶす人がいるのです。

法人で投資をする場合は期末の時価評価が必要なので、期末の時点で損益が生まれます。この違いには注意が必要です。

そして、利益に対する所得税の税率は、５％から45％の７段階に区分されています。実際はこのほかに住民税10％も課税されます。

課税される所得金額	税率	控除額
1,000 円 から 1,949,000 円まで	5%	0 円
1,950,000 円 から 3,299,000 円まで	10%	97,500 円
3,300,000 円 から 6,949,000 円まで	20%	427,500 円
6,950,000 円 から 8,999,000 円まで	23%	636,000 円
9,000,000 円 から 17,999,000 円まで	33%	1,536,000 円
18,000,000 円 から 39,999,000 円まで	40%	2,796,000 円
40,000,000 円 以上	45%	4,796,000 円

※千円未満の端数金額切り捨て

税額の計算は「（課税所得－所得控除）×税率－控除額＝税額」となります。例えば、年収500万円の給与所得者が暗号資産の投資で1000万円の利益を得た場合、所得控除などは考慮しないで計算すると、次の通りです。

給与所得：500万円
暗号資産投資の利益：1000万円
所得合計：1500万円
所得税額：1500万円×33％－153万6000円＝341万4000円
住民税額：150万円（10％として計算）
合計：341万4000円＋150万円＝

491万4000円

暗号資産の取引の結果では、高額の税金が発生する可能性があります。仮に含み損のある取引があるなら損失を確定して利益を圧縮するなど、対策を打たないといけません。

まだまだ未整備な税制

暗号資産に対する税制はまだ未整備で、今後はどうなるかわかりません。例えば、昨年10月に発表された「２０２１年度・税制改正要望項目」に暗号資産への言及はなく、少なくとも今年に税制が改正されることはないようです。また、項目に挙がらないということは、政府は暗号資産の税制改正は時期尚早、あるいは議論にするまでもない、と判断している可能性があります。

こうした現状に対して、日本暗号資産ビジネス協会（ＪＣＢＡ）と日本暗号資産取引業協会（ＪＶＣＥＡ）は共同で、２０２１年度税制改正にあたり、以下のような内容を含む要望書を取りまとめています。

「我が国は2017年4月に施行された改正資金決済法により世界をリードする立場にあったものの、一方で暗号資産（仮想通貨）に関連する現行の国内税制の適用を回避し活動拠点を海外に移転する事業者も散見されるなど、今後見込まれる暗号資産を利用した資金決済分野の革新や、暗号資産を決済手段として用いるブロックチェーン技術の応用による経済社会の高度化に際し、我が国の優位性を損ない、また次世代技術を用いた産業の戦略的な取り込みが危ぶまれる状況となりつつあるものと思料する。」

上記のような危機感を踏まえ、国に要望した骨子は、次の3点です。

① 暗号資産のデリバティブ取引について、20％の申告分離課税とし、損失については翌年以降3年間、デリバティブ取引に係る所得金額から繰越控除ができることを要望する。

② 暗号資産取引にかかる利益への課税方法は、20％の申告分離課税とし、損失については翌年以降3年間、暗号資産に係る所得金額から繰越控除ができることとする。

③ 暗号資産取引にかかる利益年間20万円内の少額非課税制度を導入する。

先述のように、現行税制では暗号資産取引で得た利益は雑所得扱いで、所得税（最高税率45％）と住民税（10％）を合わせて、マックスで55％の税率が課せられ、損益通算や繰り越し控除もできないのは、厳しいところです。

なお、いまではメジャーな投資になったＦＸも取引所取引の「くりっく３６５」は申告分離課税が認められていましたが、店頭取引は雑所得扱いで、２０１２年１月以降にようやく申告分離課税が適用され、所得額の大小にかかわらず、税率は一律20％

になった経緯があります。

昨年5月に施行された金融商品取引改正法で、暗号資産は金融商品として位置づけられ、金融資産性を持つ支払い手段という性質を持つことが明確になりました。

そうであれば、租税の公平性・公正性の観点から、暗号資産の取引も他の金融商品先物取引などの決済と同じく、20％の分離課税にすべきというのが、業界団体の意見です。

こういった点は、今後も議論が交わされるのだろうと思いますが、税負担が軽減されると暗号資産の取引は活性化し、利益のタイミングを逃す人だって減るかもしれません。1日も早い改正を望みます。

また、税制が未整備であったり、暗号資産取引自体がまだそれほどメジャーではないので、これに詳しい税理士が少ないのも現状です。相談しても対応できない事務所は少なくありません。

こうしたことも、制度が確立されていくことで変わるはずです。

一方、海外の暗号資産税制はどうなっているのでしょうか。いくつか紹介します。

アメリカ

アメリカ合衆国内国歳入庁（ＩＲＳ）によると、暗号資産は資産とみなされ、株と同様の扱いです。暗号資産を買って1年以上持ち続けると、０～20％の範囲で所得のレベルに応じ税金が課せられます。

ドイツ

ビットコイン取引は付加価値税（ＶＡＴ）が免除、暗号資産を1年以上保有し続けた場合は譲渡所得税も免除。すべてのヨーロッパ市民は、資産をドイツへ移転し税の控除を受けることが可能です。

スイス

個人投資家による投資・取引は譲渡所得税が免除、マイニングは自家営業所得として扱います。法人による取引は法人税の対象です。

マルタ

法人による暗号資産のデイトレードは法人税の対象。個人投資家による暗号資産の購入・保有資産に対して税金はかかりません。

シンガポール

暗号資産の長期投資に対しては、個人・法人ともに譲渡所得は課税されません。

マレーシア

譲渡所得税の対象外です。

オーストラリア

全取引を譲渡所得とし、豪ドルに換金した際の正確な取引記録の保存が求められます。利益には個人所得課税と同じレートの税金が課せられますが、1年以上暗号資産を持ち続けた場合、課税額は50％減税されます。

このように、各国で暗号資産取引に対する姿勢は異なり、今後も変わる可能性があります。

儲かったときに決済しておくのが基本

私自身は、わずか数日で資産が半分近くまで減ることもある世界だからこそ、**含み益があるうちに利益を確定する**ことをお勧めしています。

税率のことが気になるなら、保有通貨の半分など、一部を決済すればよいのです。ならば、残り半分は暗号資産のままですし、仮にその後に価格が上昇した場合も恩恵を受けることができます。

投資の初心者にありがちなのは、「1回の取引ですべての保有分を売買しないといけない」という誤解です。部分決済で問題ないので、上手な売り方を知っておくべきでしょう。

これは買うときも同様です。

仮に余裕資金が１００万円あったとして、すべてを一度に投じる必要はありません。そもそもは、他の金融・実物資産と併せてポートフォリオを組むべきであり、その一部を暗号資産に振り分けるというのが、資産運用のセオリーです。

「卵は一つのカゴに盛るな」というのが有名な投資格言で、全資産を同じモノに振ってしまうと、儲かったときはよいのですが、そうでないときは目も当てられないことになりかねません。

分散は投資の基本です。

暗号資産を買うときも、一度に予算を使う必要はありません。買うタイミングも分散すると、リスクが抑えられます。

専門的には「ドルコスト平均法」といいますが、月に1回1万円分を買うなど、定期的に買い付けることで平均単価を平準化でき、場合によっては含み益が出やすくなることもあります。

こういった売買テクニックは株式投資やＦＸではお馴染みで、インターネットや書籍にも情報がたくさんあります。しっかりと学んでいただきたいです。

決済手段として広がる可能性

購入した暗号資産を、決済に使うこともできます。近年は使うことができるシーンも広がってきました。

例えば今年2月、楽天グループの楽天ペイメントと、暗号資産交換業を運営する楽天ウォレットは、暗号資産の現物取引サービスにおいて、顧客が保有するビットコインなどの暗号資産を、楽天グループのオンライン電子マネー「楽天キャッシュ」にチャージして、全国の楽天ペイおよび楽天ポイントカード加盟店などでの買い物で利用できるサービスを始めました。

チャージの際は取引金額に制限なく手数料は無料です。

このサービスにより、これまでは保有暗号資産を売却して法定通貨にしないと使いにくかったのが、アプリへのチャージを通じて楽天市場など楽天グループ各種サービスや、全国のスーパーやコンビニなどでの支払いに暗号資産を使えるようになりました。

一方、米決済サービス大手の「ペイパル（PayPal）」も、ビットコインなど暗号資産の取り扱いを始めると昨秋に発表しています。これに伴い、加盟店２６００万店で暗号資産による支払いができるようになりました。

同様の施策はクレジット大手のVisaやMastercardも発表しています。

これまで、特定の店舗の決済に暗号資産が使えることはありましたが、クレジットカードをはじめとするキャッシュレス決済サービスに対応する事例は、あまり見られませんでした。ところが、大手が参入することにより加盟店での支払いが可能になり、消費者にとっては選択肢が広がります。

いまのところ、どれだけの暗号資産ユーザーが保有通貨を決済に使いたいと思うか微妙なところですが、画期的な取り組みだと思います。

おわりに

最後までお読みいただき、ありがとうございます。

本書ではフィンテックについて語り、ブロックチェーンを使ったサービスが登場することで、銀行を代表とする既存の金融システムを破壊し、新たな金融体系を作るかもしれないと述べました。みなさんにも、こういったドラスティックな変化を感じ取っていただけますと幸いです。

ご存じのように、暗号資産は２００９年に生まれたばかり、いまだ市場は整備されていません。フィンテックが金融面にどういった影響を与えていくかも未知数です。ただし、まだ舗装されていない道だからこそ、先回りをして情報を知っておくと、いろんなチャンスをつかむことができます。

例えば、いまでは当たり前のように買っている、ペットボトルのミネラルウォーターやお茶。１９８０年代に発売されたころは、水やお茶は家で飲むのが当然で、お金を払ってまで飲むものではありませんでした。多くの人が売れるのか疑問視していましたが、外出先で買いやすくなったことから夏季の緑茶飲料の消費量が拡大し、健康志向の高まりも受けて、ミネラルウォーターも一般化しました。伊藤園などこれら商品に率先して取り組んでいた企業は、いまも業界のトップランナーとして君臨し、これらの事業は大きな収益の柱に成長しています。

フィンテックもそれは同様です。いまは、暗号資産や電子マネー、ロボアドバイザーなど、金融における各サービスで使われていますが、いずれはお金の枠を超えて、私たちのライフスタイルや生き方すら変えてしまう可能性があります。そんなポテンシャルを秘めたフィンテックについて、知っておいて損はありません。暗号資産投資で儲けたセミナー参加者の事例ではありませんが、みなさんの生活にプラスに働く情報だと私は信じています。

これまで、お金の形や在り方は長らく変わることはなく、いまのようなタイミングに遭遇するのは、人類の長い歴史の中で100年に一度もなかったようなことです。私たちは時代の大きな変わり目に直面しています。そして、これまでの歴史がそうだったように、大きな変化の中には、人生を変える機会が潜んでいます。そんな、千載一遇のチャンスが目の前にある時代に生まれただけでも、幸運なのです。

ただし、その幸運をしっかりとつかむには、学び続けることが大切です。

テクノロジーの進歩に伴い、変化のスピードは速くなり、いまの正解は数年後に間違いになったり、その反対であることも珍しくありません。暗号資産を例に挙げると法規制や税制はいまだ整備中で、これらが明確になることで、新たなチャンスが到来する可能性があります。そのためには、普段からしっかりと情報収集をしたうえで、今後はどうなるのか予測を立て、変化が起きたら柔軟に対応することが求められます。出遅れないためにも、勉強を怠ってはいけません。

100年後の遠い未来ではなく、もっと近い5年後、10年後の未来は、フィンテックの発達により、さらに劇的に変化しているでしょう。そのとき、まだみなさんも元気で働いていることだと思います。だからこそ、その場所では豊かに生きてほしいですし、そのための準備を進めてください。

今後、銀行はいまのような姿ではなくなり、お金に対する接し方も大きく変化を迫られるでしょう。一方で、増税や年金不安といった、日常の暮らしを脅かす時代も到来しそうです。

そうした中で豊かさを実現するには、学びをもとにした正しい知識と的確な判断力、これらに裏打ちされた行動力がものをいいます。ぜひ、今日から人生を前向きに生き抜くための学びを始めてください。その結果、みなさんが

・自分の資産を守ることができるのは自分だけ
・既存のルールやシステムにこだわらない
・自分の資産は自分で増やす

こういった感覚を身に付けていただければ、本書の目的は果たせたと思います。
みなさんが、フィンテックで新しい生き方を実現できることを切に願います。

2021年5月

久田和広

technology-now-powers-a-privacy-focused-security-camera
「仮想通貨を日本円に換金するには？現金化のカンタンな方法を徹底解説！」 https://jp.cointelegraph.com/news/how-to-turn-cryptocurrency-into-jpy

朝日インタラクティブ ZD Net Japan「世界のフィンテック投資額は前年比２倍以上の553億ドルに--アクセンチュア調査」 https://japan.zdnet.com/article/35138408/

coindesk JAPAN「EU暗号資産の規制案公表、リブラには苦境か――デジタルユーロ構想にも重要な変化」（アレン琴子） https://www.coindeskjapan.com/86961/
「ビットコイン、２カ月で６割上昇の３つの理由」（Omkar Godbole） https://www.coindeskjapan.com/87535/
「ビットコインとゴールド、相関指数が過去最高に」（Omkar Godbole） https://www.coindeskjapan.com/79407/
「イーサリアムETF、カナダ企業が計画――承認されれば世界初」（Tanzeel Akhtar） https://www.coindeskjapan.com/100747/
「暗号資産の時価総額、160兆円を突破――ビットコインは9100億ドル」（Zack Voell） https://www.coindeskjapan.com/99776/
暗号資産の時価総額、2兆ドルを突破――アルトコインが急上昇【市場動向】（Muyao Shen） https://www.coindeskjapan.com/104725/

ハーチ株式会社 HEDGE GUIDE「ロシア、2021年からデジタル資産新法を施行へ。国営銀行によるステーブルコイン発行の可能性も」 https://hedge.guide/news/russia-stable-coin-bc202008.html
「日米欧の大手銀14行共同出資のエフナリティ、取引リスク実験に成功。2020年末までに電子通貨の発行目指す」 https://hedge.guide/news/usc-success-201906.html

CoinPartner「米銀行がビットコインをATMで購入可能に―背景にはBTC購入ニーズの高まり」（akinobu ishida） https://coinotaku.com/news/articles/112444

株式会社ジェイ・キャスト J-CASTニュース「ビットコインはなぜ400万円まで上昇したのか？」（ひろぴー） https://www.j-cast.com/kaisha/2021/02/08404556.html

講談社　マネー現代「ビットコイン「爆上げ」のウラで、いまカナダで起きている「すごい現実」」（砂川洋介） https://gendai.ismedia.jp/articles/-/80584?page=2

株式会社ZUU「仮想通貨の流通量・時価総額ランキングを一挙紹介　ビットコインだけじゃない！」 https://zuu.co.jp/media/cryptocurrency/volume-price-ranking

CoinMarketCap「仮想通貨時価総額上位100」 https://coinmarketcap.com/ja/

MUFG Innovation Hub「世界が注目する商用量子コンピュータメーカー「D-Wave」とは？」 https://innovation.mufg.jp/detail/id=119

株式会社CoinPost「金融庁が21年度「税制改正要望項目」を発表、仮想通貨は含まれず」 https://coinpost.jp/?p=186795

アイティメディア株式会社 ITmedia NEWS「PayPalアカウントでの暗号通貨利用が可能に　まずはビットコインなど４銘柄で」（佐藤由紀子） https://www.itmedia.co.jp/news/articles/2010/22/news065.html

参考

預金保険機構「預金保険対象金融機関数の推移」https://www.dic.go.jp/kikotoha/page_000814.html

東京商工リサーチ「国内銀行79行「平均年間給与」調査（2020年3月期決算）」https://www.tsr-net.co.jp/news/analysis/20200730_02.html

国税庁「平成30年分民間給与実態統計調査」https://www.nta.go.jp/information/release/kokuzeicho/2019/minkan/index.htm

国際貿易投資研究所・世界経済評論IMPACT「街から銀行の支店が無くなる日」（伊鹿倉正司）http://www.world-economic-review.jp/impact/article1838.html

経済産業省「キャッシュレス決済の中小店舗への更なる普及促進に向けた環境整備検討会・第二回資料」 https://www.meti.go.jp/press/2020/06/20200626014/20200626014-3.pdf

ゆうちょ銀行「2021年3月期第3四半期決算説明資料」 https://ssl4.eir-parts.net/doc/7182/tdnet/1932850/00.pdf

株式会社セキュアオンライン「過去の個人情報漏洩事件まとめ」 https://cybersecurity-jp.com/leakage-of-personal-information

株式会社 PR TIMES　プレスリリース「日本初のデジタル地域通貨を正式運用開始」（2020年6月4日） https://prtimes.jp/main/html/rd/p/000000018.000019078.html
「カンボジア国立銀行がソラミツと共同開発の中央銀行デジタル通貨を正式運用開始」（2020年10月28日） https://prtimes.jp/main/html/rd/p/000000020.000019078.html
「ビットコインなどを電子マネーにチャージし「楽天ペイ」「楽天ポイントカード」の加盟店等でのお買い物で利用可能に」（2021年2月24日） https://prtimes.jp/main/html/rd/p/000001405.000005889.html

株式会社 GA technologies プレスリリース（2019年3月13日） https://resources.ga-tech.co.jp/Release/190313_Release_GAtech_IBM.pdf

株式会社Gaiax「デジタルIDで人権保護を目指すID2020」（Aram Mine） https://gaiax-blockchain.com/id2020

RAUL株式会社「ブロックチェーン技術を活用した電子政府【事例㉖】」 https://blockchain-business.jp/public/517/

株式会社インプレス「Impress Watch」「中国、刑事裁判の証拠保全にブロックチェーンを初導入」（浦上早苗） https://crypto.watch.impress.co.jp/docs/news/1216523.html
「Googleの量子コンピュータはビットコインの脅威か？」（高橋ピョン太） https://crypto.watch.impress.co.jp/docs/news/1215280.html

コインテレグラフジャパン「ブロックチェーンを使った監視カメラが登場　プライバシーやセキュリティの問題解決へ」（Turner Wright） https://jp.cointelegraph.com/news/blockchain-

久田和宏の著書

暗号通貨最前線

初心者でもわかるフィンテック入門

フィンテックの時代の到来で、
あなたの未来が大きく変わります！

そんな衝撃的な言葉を投げかける著者による、
これからの時代のお金の在り方と、
そんな時代への向き合い方を教えてくれる一冊

- フィンテックではじまる新しい時代
- これまでのお金～中央集権下で管理されてきたお金～
- これからのお金～フィンテックが変えるお金のカタチとライフスタイル～
- 知っておきたい暗号通貨の知識
- フィンテックで成功をつかむコツ

信長出版

著者

久田 和広（ひさだ・かずひろ）

フィンテック関連企業他、5社を経営。グループ年商60億円。
金融サービスのフィンテックを取り入れて、世界中の情報を入手しながらメジャーな暗号通貨のICOなどの情報を数多くの関係者に提供している。現在は、フィンテック関連のコンサルテーションや新しいテクノロジーの開発を手掛け世界で活躍する。著書「暗号通貨最前線 初心者でもわかるフィンテック入門」「カリスマ社長の仕事術 億万長者に成り上がれ」（サンクチュアリ出版）。

銀行崩壊とフィンテックの未来
金融、個人情報、IoT　フィンテックですべてが変わる!!

2021年7月5日　第1刷発行

著　者　久田和広

発行者　杉浦秀光

発　行　信長出版
〒160-0023
東京都新宿区西新宿7-2-5 TH西新宿ビル6階
info@office-nobunaga.com

発　売　サンクチュアリ出版
〒113-0023
東京都文京区向丘2-14-9
TEL 03-5834-2507

装　丁　井上新八

印刷・製本　株式会社光邦

ISBN978-4-8014-8101-5　Printed in Japan